LES GLOIRES DU SACERDOCE

GABRIELLE

ÉDITIONS
RASSEMBLEMENT À SON IMAGE

PRÉFACE

Seigneur, tu as voulu, dans ton Amour infini, transmettre aux prêtres comme aux laïcs, un enseignement divin concernant le Sacerdoce. Oui, c'est bien toi qui a demandé à Gabrielle d'être l' instrument de ta volonté et de transcrire fidèlement, thème après thème, la pensée du souverain prêtre exprimée par sa parole. Gabrielle t'a obéi humblement et nous pouvons ainsi accueillir les leçons de notre Maître. Une préface est censée présenter l'édition d'un nouvel ouvrage, mais peut-on présenter l'enseignement de son Dieu ? Pour ma part, je ne m'y risquerai pas. En revanche, je peux témoigner du bonheur qui m'a envahi à sa lecture et du profond bien-être que j'en ai retiré. Car Jésus clame son Amour pour les prêtres, il les assure de sa grâce, les prévient des multiples dangers courus dans un monde, qui véhicule en permanence le mensonge satanique. Il les stimule, les invite à comprendre la grandeur de leur mission, tout en restant dans l'humilité. Pas étonnant qu' Il les invite à se mettre sous le manteau protecteur de Marie, à prier avec elle, à contempler son mystère et à suivre son exemple. Il connait leurs fragilités et les assure de sa miséricorde infinie. On est saisi par le ton de tendresse et de sollicitude du Christ à l'égard de ses pauvres fils prêtres.

Ce qui facilite la lecture de l'ouvrage, c'est la variété des points de vue abordés par le Christ, tantôt centrés sur la volonté du Père, l'exemple du Fils et le rôle de l'Esprit Saint, tantôt sur le prêtre, sa mission, les qualités qu'il doit développer, tantôt sur le monde, ses idoles, ses incompréhensions, tantôt sur l'adversaire trop souvent oublié, le diable, qui n'hésita pas pourtant à tenter le Christ, lui-même. Chacun des thèmes est traité brièvement, mais avec quelle merveilleuse clarté. Pour ce qui nous concerne, Seigneur, nous ne pouvons que te remercier humblement de cet enseignement lumineux. Grâce à lui, tu nous fais mieux comprendre que nous sommes des «passeurs» d'âmes, des « ponts » entre les humains et le Père, des serviteurs quelconques mais ...nécessaires, un levain indispensable, des bons samaritains, des petits riens que tu aimes tendrement, des « Maisons de Dieu » malgré leurs faiblesses. Tes prêtres, mon doux Jésus, ont reçu de toi sept admirables Sacrements à dispenser aux fidèles, ce qui ne les dispense pas d'avoir un besoin crucial de la prière fervente de ces mêmes fidèles ! En tout cas, c'est ma conviction, je pense que cette oeuvre magistrale aidera les prêtres à mieux comprendre la prédilection de l'appel reçu et éclairera les laïcs sur la mission de leurs pasteurs, tout en les incitant à prier pour eux.

Père Yannik Bonnet

1

LA PRIÈRE

Mon frère bien-aimé,
Mon prêtre,
Avant toute chose, Je voudrais t'exhorter à la prière car la prière te conduit à Dieu.
Dans la douceur et la patience, elle t'amène à Lui afin qu'Il te devienne familier et que tu t'ouvres à Sa présence.
Par la prière, Dieu apprivoise ton cœur ; Il effleure, Il caresse ton âme.
La prière souffle en toi sa Vie.
La prière ouvre le regard de ton cœur afin que tu voies l'éclat de son Amour et que tu contemples sa Gloire. Elle épanouit ton âme en la divine présence.
La prière ouvre pour toi les portes de l'humilité.

Doucement, patiemment, de toute la Sagesse qui l'emplit, la prière t'apprend à entrer dans la contemplation car elle te révèle Dieu et par la contemplation, tes yeux verront ce que Dieu avait caché aux sages et aux savants.
Dieu se révélera à toi et ton âme s'épanouira dans l'humilité ; tu goûteras à l'Amour véritable.

Chaque jour, laisse la prière baigner ton âme dans la contemplation de Dieu car ce bain te purifie et te sanctifie ; il te parfume de son humilité.
Conduites par la prière, dans les bras de l'humilité, les faiblesses de ton cœur se laisseront saisir par ma divine miséricorde.
Tu seras fort de Dieu !

La prière harmonise ton cœur avec celui de Dieu. Elle t'apprend son langage afin que tu puisses dialoguer avec lui, pour l'entendre, le connaître et pour finalement plonger en son intimité. Tout ton être s'enrichit de sa présence, tu deviens une terre fertile d'où se lève les moissons de la grâce.

Dieu aime dialoguer avec toi !
Ses mots sont Lumières véritables, verbes d'Amour pur.
La prière fait de toi le confident de ses pensées, le familier de ses actions.
Dieu désire que tu Le connaisses toujours plus parfaitement pour que ton amour soit toujours plus vrai, pour que ta foi soit ferme, confiante, forte et qu'ainsi, tu deviennes une lumière pour les nations. La prière nourrit ce dialogue et affine cette connaissance. La prière tisse une union pure, vraie, une union aimante avec ton Père et seul l'amour qui se construit dans la Vérité, demeure.

Seul celui qui est vivant prie.
Plus tu sens la prière se développer en toi, plus la Vie véritable se développe en toi.
En priant, tu remets Dieu au centre de ta vie et de celles de tous les hommes !
Par la prière, est patiemment restaurée ta filiation avec ton Père qui est aux Cieux.
Par la prière, tu es préparé et formé pour accomplir ton ministère.
Prier, c'est espérer l'Amour!
Prier, c'est demander l'Amour!
Prier, c'est recevoir l'Amour !
Prier, c'est appeler Dieu, Abba Père.
Avec persévérance, la prière t'aide et t'encourage à ne plus te cacher de Lui mais à aller vers Lui tel que tu es, avec ton humanité, tes péchés, puis dire confiant : « Me voici Seigneur, puisque tu m'as appelé ; ton serviteur t'écoute… Fais de moi, l'écho de tes désirs. »

En priant, tu deviens l'Amour.
Si tu pries, tu n'es plus le spectateur extérieur de l'Amour, tu rentres dans l'Amour et l'Amour guérira en toi ce qui s'était fermé à sa Présence. Une fois guéri, tu communiqueras dans une plus grande plénitude à l'Amour qui est Père, Fils et Saint-Esprit.
Prier, c'est appeler l'Esprit-Saint en toi. Avec ta permission, Il vient et parcourt tout ton être.

Ta prière fait germer et lever de ta terre les dons que Dieu t'a confiés afin qu'ils donnent de bons fruits. La prière te oint du parfum de la très Sainte et Adorable Trinité. Comme ta prière Lui est précieuse ! Elle n'en perd pas un mot, pas une pause, pas un accent, pas un soupir.... Elle reçoit tout !
Losque tu pries, Elle pose son oreille tout contre tes lèvres. Elle reçoit et garde tout en son divin Cœur.
Elle voit et sait toutes choses.
La prière est ce lien, ce « fil d'or » dont l'attache est fixée dans le Cœur de Dieu et que l'homme est invité à fermement saisir pour l'y rejoindre.
La prière équilibre ta vie.
Toi qui es prêtre, que ta vie devienne prière.

2

PRIÈRE ET INTERCESSION

Fils, frère bien-aimé,
J'ai besoin de ta prière.
J'ai besoin qu'à ma suite, tu pries.
J'ai besoin que tu t'unisses à ma prière pour le salut et la rédemption de tes frères et de tes sœurs.
Prier, c'est aimer.
Prier, c'est exercer l'amour.

Prier, c'est accepter que pénètrent en son cœur et jusqu'en sa chair, les nécessités de son frère, de sa sœur. C'est accepter de soutenir la croix de son prochain, uni à moi avec tout son amour pour un instant, pour un jour, une vie.
Prier, c'est avoir senti que la vie du prochain et son épanouissement ont une répercussion directe dans sa propre vie. C'est donc prendre à cœur ceux qui viennent à toi.

Moi J'ai prié. Je prie pour chacun de vous car Je désire votre salut, votre rédemption, votre bonheur ! J'aime chacun de vous et chaque fois que vous vous épanouissez dans l'amour, l'éclat de ma victoire se déploie et va illuminer d'autres hommes. Cet épanouissement est le fruit d'une prière sincère et profonde.
La prière est le langage de l'Amour, ainsi, prier unit la Terre au Ciel… Et le Ciel s'ouvre pour donner l'Amour !
Prier marque tout le corps.
La prière réchauffe le cœur et renverse l'indifférence. Par la prière, le règne de Dieu descend dans l'homme.

3

LA FÉCONDITE

Fils, frère bien-aimé,
Le figuier au feuillage verdoyant et abondant se fait remarquer du monde.
Il s'étale.
Les passants le contemplent et se disent : « Comme cet arbre est beau, quelle chance pour son propriétaire ! ».
Mais moi, qui suis le Seigneur des seigneurs, Je ne dis pas cela de cet arbre s'il ne donne pas de fruits, ni ne nourrit, ni ne désaltère celui qui l'a planté. S'il ne donne rien qui réconforte son maître.
Il n'aurait poussé que pour lui-même, s'étendant pour sa propre gloire et se fatiguant pour lui seul.

N'aurait-il pas fallu qu'il se fatiguât pour son maître en donnant de bons fruits ?
N'est-ce pas son maître qui, par ses efforts, son travail, ses bons soins, sa patience, lui a donné vie et fertilité ?
N'aurait-il pas fallu qu'il se fatiguât pour les passants qui, affamés et assoiffés par les fatigues de leur route, trouvent en ses fruits suaves, une consolation et un réconfort sur leur chemin?

Sois vigilant !
Ne laisse pas se développer ton sacerdoce de prêtre de façon à être conforme aux aspirations de ce monde qui encouragent et plébiscitent ce qui s'étale au grand jour sans toutefois être fécond pour le prochain.
Ce pauvre monde aveugle et perverti, incite à tourner son regard vers une satisfaction personnelle que l'orgueil et la vanité

dominent. Mais toi mon aimé, recherche plutôt la vraie fécondité de ta vie qui te permettra de donner de bons et savoureux fruits.

Comment cela peut-il se faire ? Simplement en te plongeant en mon Sacré Cœur et en y prenant ce qui manque à ta pauvreté d'homme et à ta faiblesse. Que tes mains débordent de mes dons, car mon divin Cœur s'ouvre largement pour te combler, combler ton sacerdoce en toutes ses nécessités.
Ainsi, Je ferai en sorte que tu sois toujours prêt à offrir de bons fruits à celui qui tend la main vers toi. Je t'offrirai la joie de pouvoir donner. Tu prodigueras soutien et force à ceux qui viendront chercher réconfort et nourriture auprès de toi. Tu soutiendras la vie parce que tu m'auras laissé te combler de ma vie, de mes richesses et de mes dons.

Qu'importe ton apparence si tes fruits sont savoureux et bienfaisants !
Accepte de te donner, comme le fruit de Dieu. Accepte de te donner comme moi Je me suis tout donné au Père par amour pour l'homme et tu seras vraiment fécond ; ton fruit ravivera et réjouira ! C'est par la recherche de cette fertilité pour son prochain que, soi-même, on devient fertile !
Laisse-toi consommer car il n'est pas de plus grande joie que de livrer sa vie pour ceux que l'on aime ! Et quelle joie de savoir que les fruits que l'on donne sont bons et savoureux ! Qu'ils réjouissent ceux qui les reçoivent. Vois-tu mon aimé, on reconnaît bien l'arbre à ses fruits.
Ne fais pas ce que le monde te demande mais fais ce que Je te demande. Ce que moi Je te demande, l'Esprit l'a inscrit pour toi et jamais Il ne refuse de te le révéler. Si tu fais ainsi, tu ne seras pas desséché et tu donneras de bons fruits mûrs ! L'Esprit fait mûrir tes dons et le plus savoureux, c'est la charité.

Mais sache encore que si tu laisses ta nature se corrompre et être abusée par la voie trompeuse et tentante de ce monde et, si ton âme qui est ma Demeure était envahie par les marchands et les monnayeurs, Je viendrais à toi, avec ma Toute-Puissance pour te sauver. Je fouetterais les voleurs intrus et meurtriers afin que tu retrouves la paix, le silence et la sérénité. J'ôterais de ta demeure ce qui n'est pas de moi. Si tu acceptes de te livrer en ma divine volonté, Je te dépouillerais, comme est taillée la vigne et alors, tu pourras redonner de bons fruits. Je ferais tout cela car Je t'aime. Aussi ne crains jamais de t'en remettre à moi en toutes circonstances.

Vois l'arbre, dans le silence et l'humilité, il grandit et, sans que les vacarmes du monde n'y soient pour rien, il donne son fruit. Que t'importe le regard du monde, mon seul regard te suffit !

4

PRÊTRE, CORÉDEMPTEUR

Fils, frère bien-aimé,
Écoute et sois attentif.
C'est par le prêtre, mon ministre choisi, que rentre dans l'Église et donc dans le mouvement de toute l'humanité, la rédemption que Je suis venu donner à l'homme mon enfant bien-aimé. Dieu a voulu cette rédemption unique et extraordinaire dans sa puissance et sa réalisation. C'est le Fils qui a accompli ce divin désir et L'Esprit-Saint œuvre à sa perpétuation.
Le prêtre est le suivant du Christ ressuscité, l'apôtre de la divine volonté. Enfant de Dieu, oint du sacrement de l'Ordre, il devient le bénéficiaire extraordinaire de la victoire du Christ pour lui-même et pour tous les hommes.
Le prêtre transmet au monde le don de la rédemption accomplie par le Christ. C'est pourquoi il se situe au centre de l'Église, elle-même située au cœur de l'humanité. L'Eglise et le prêtre témoignent de ce que l'homme n'existe pas par lui-même, ni pour lui-même et qu'il ne peut se sauver lui-même du mal et de la mort. Ils s'opposent à toutes les pensées qui voudraient que Dieu ne soit qu'une « idée » car cette pensée hérétique, quelle que soit la façon dont elle est exprimée, fini toujours par écarter l'homme pécheur de son divin Rédempteur et Sauveur. Elle incite l'homme à croire qu'il peut se « sanctifier » lui-même, c'est-à-dire se bonifier lui-même et la miséricorde divine disparaît alors. Ces hérésies amènent toujours à nier l'existence du péché et son emprise sur la nature humaine. Tout cela pour arriver au point final qui est le rejet de Dieu, Père, Fils et Saint-Esprit et de son grand don d'Amour qu'Il a donné aux hommes, le don de la rédemption,

unique clé du Salut où est exprimé son Amour infinie de Dieu pour son enfant.

Mais, moi, Je suis le Vivant et toi tu es mon témoin.
Je suis sans tiédeur.
Je suis la Bonté infinie.
Je suis le Rédempteur de l'homme, c'est pourquoi Je suis à la fois prêtre et victime de mon holocauste d'Amour.
Je t'ai appelé à marcher à ma suite sur les sommets du Sacerdoce, Je te veux semblable à moi. Victime, comme J'ai été victime et sauveur comme J'ai été sauveur! Mon héritage se transmet en toi, c'est ton dévouement qui l'anime et en libère toutes les richesses.

Ah ! On me demande : « Que dois-je faire pour te suivre Rabbi ? ». Moi, Je réponds : « Quitte tout et suis-moi ! ». Oui, remets-moi ta volonté propre et plonge-toi en ma divine volonté. Ma perfection divine te comblera. Que la sublime générosité brisent les liens qui t'entravent. Présente à ton Père qui es aux Cieux un coeur aimant et sincère et à tes frères ton coeur de prêtre uni au mien par l'onction sacerdotale, alors rien ne te manquera.
Jc t'ai choisi pour me rendre témoignage.
Oui mon aimé, c'est à mon Amour et à ma Bonté infinis que tu rends témoignage au milieu du monde. C'est parce que Je suis Amour et Bonté infinie que Je suis venu sauver ce qui était perdu. Voilà l'ambition du sacerdoce. Témoigner de l'Amour fou de Dieu pour l'homme et ramener l'homme au coeur même de cet Amour.
C'est pour cela que tu as tout quitté, comme le firent mes premiers apôtres.
Mon aimé, Je veux te dire en vérité, le mal grandit lorsque le bien se perd.

Le monde est désorienté par tant et tant d'hérésies, d'apostasies. Tous ces venins du Mal ont pour ambition de chasser la Vérité qui est Bonté. Mais toi, par ta simple présence qui se perpétue génération après génération, tu proclames la victoire de la Bonté divine sur le Mal. Tu annonces cette Bonne Nouvelle, qui change la face de la terre. Mais comme cela le fut pour moi, à cause de cela, tu seras giflé par les humiliations, repoussé, rejeté, raillé et l'on voudra ta mort. Cependant, t'oubliant toi-même pour me posséder pleinement, tu continueras à lancer les filets de la rédemption dans les eaux profondes de ce monde. Tu annonceras le salut que Je suis venu porter et tu diras à la face de tous que l'homme ne peut pas, par ses seuls efforts, être délivré du Mal, ni se racheter lui-même de ses offenses. Il ne peut se libérer lui-même du joug que lui imposent le péché originel et les tentations du Mauvais. Il ne peut se sanctifier seul.

Ouvre bien largement ton cœur comme le mien est si largement ouvert et remplis-le des sentiments du mien. Les pécheurs viendront y puiser l'espérance dont ils ont tant besoin et les trésors de mes dons d'Amour.

Oui, va au Père et dis avec moi : « Le zèle de ta maison m'a dévoré ».

5

VIENS ET SUIS-MOI

« Viens et Suis-moi ! ».
Je t'appelle!
L'Amour appelle son choisi!
Viens et suis-moi afin de combattre tout ce qui fait obstacle à la rédemption de l'homme.
Viens et suis-moi! Sois ce serviteur zélé qui va lutter contre ce qui s'oppose au salut éternel de mes enfants.
Oui, tu as raison! Mon appel est une folie de l'Amour, mais ce qui est folie pour l'homme est sagesse pour Dieu. Mon zèle est un feu dévorant et c'est avec ce feu que J'ai embrasé ton coeur de pasteur, ton coeur sacerdotal.

A ma suite, sois celui qui dit à l'homme : « Viens et suis-moi ! » car Je te conduirai
à l'Amour.
Et voilà que par le prêtre, l'homme se donne à l'Amour. Par toi, génération après génération, par tous les continents, la bénédiction divine livre sa victoire.
Berger de mon peuple, tu luttes contre le Mal afin de sauver des dangers mortels
mes enfants bien-aimés.
Va droit, dépouillé du désir d'obtenir les faveurs populaires et dis à tes brebis :
« Suivez-moi et je vous ferai reposer dans la paix.
Suivez-moi, je vous conduirai loin des dangers de ce monde. Vous goûterez aux joies de la rédemption. Suivez-moi et vous entrerez dans la Vie Éternelle ».

Donne le Christ à l'homme et l'homme à la Toute-Puissance du Christ.
Va mon prêtre, mon aimé. Va toi qui est soldat du Christ-Roi, car pour sauver les âmes, il faut rentrer dans le combat de Dieu.
Oh, comme est noble et belle la vocation du prêtre ! Le repos, tu le recevras de mes mains lorsque Je t'accueillerai dans mon Royaume. Je te dirai au comble de ma Joie : « Viens serviteur fidèle, reçois ta couronne de gloire puisque sur la terre tu n'hésitas pas à recevoir celle d'épines comme le fit ton Seigneur ».

Prêtre mon aimé, défenseur de la vérité qui sauve, sois patient et plein de compassion pour nos enfants perdus et aveugles. Ils ne voient plus rien. Ils se sont égarés dans les mensonges du monde. Ils ignorent ma Loi et pour cela ne se savent même plus pécheurs. Ah, comme est grand mon prêtre qui peut rendre la vue aux aveugles, éclairer en vérité les consciences enténébrées et libérer des filets du péché !

Cette Loi, tu en es le dépositaire, prêtre mon aimé, Je l'ai gravée sur ton coeur. A Moïse, Je l'avais remise sur les sommets du mont Sinaï, gravée sur la pierre, mais à toi Je la remets sur un plus haut sommet, celui de mon Sacré Cœur… Et Je l'ai gravée sur ton cœur même. Tu portes la Loi de l'Eternel. Elle révèle la vérité et ouvre l'intelligence de l'homme. Quant aux saints sacrements que tu administres, ils ont été remis entre tes mains, pour rendre l'homme conforme à la Loi.
La Loi est ton trésor, elle garde pure la doctrine qui t'a été enseignée.
Si ton cœur est plein d'Amour, l'homme désirera connaître ma Loi car elle sera en toi comme un encens précieux qui brûle sur le chardon embrasé de ton cœur sacerdotal. Elle donnera un bon fruit, comme la bonne semence qui a trouvé une terre fertile.

Elle lèvera et s'épanouira sous le soleil de ma Présence et révélera toute sa beauté et sa force. Elle embaumera tout ton être du parfum de ma divinité. Comme un fruit mûri au soleil, elle développera toutes ses saveurs et sa suavité. Comme elle deviendra désirable pour l'homme ! Mais, si tu enseignes ma Loi alors que ton cœur ne s'est pas laissé embraser en ma divine Présence, sans humilité ni charité, sans patience ni sagesse, sans intégrité, nul ne désirera La connaître car Elle n'aura pas déployé en toi ses saveurs délicieuses. Elle sera comme la semence tombée sur un sol pierreux, les grains d'un encens précieux posés sur une charbon éteint.

Le prêtre accompagne l'homme pénitent. Auprès de toi, mon aimé, mon prêtre, l'homme est mis devant la lumière de ma divinité. C'est là qu'Il découvre son péché et sa misère. Conduite par ton zèle ferme et aimant, sa vie spirituelle s'éveille et se purifie. C'est la restauration de l'âme qui commence ! Quelle grande joie nous unit alors. Ton ministère agit alors pour garder le pécheur immergé en ma divine miséricorde, en cet océan d'Amour et de tendresse qui lave, restaure et sanctifie. Accompagne chaque âme selon son rythme, ne te décourage jamais. Je puis tout accomplir en celui qui se livre à l'Amour.
Le prêtre est la Voix de l'Espérance et de la Vie !

6

LA PLACE DE LA VIÈRGE

Mon fils, frère bien-aimé,
Ma venue parmi les hommes, l'accomplissement de mon incarnation, fut le fruit du « Fiat » de Marie. Le plan divin de la rédemption voulu que la créature décida d'accueillir le don de son salut ou de ne pas l'accueillir… et Marie donna son « oui ».
Marie, pour être ma Mère, fut choisie et bénie entre toutes les femmes. Elle fut préservée du péché et devint le berceau chaste et pur pour l'humanité relevée, le sein virginal où le Verbe incréé épousa la chair de l'homme créé.

Par Elle et en Elle, la Lumière véritable revint habiter au milieu des hommes. Cette Mère unique redonna son Père à l'enfant que le péché avait séparé. Par son « Fiat », la main de Dieu s'avança jusqu'à l'homme pour l'arracher des ténèbres.
Elle est le reflet sans distorsion de notre Divinité, en Elle son éclat est sans ombre. Je suis tout en Elle.
Pour toute éternité, Elle contemple la divine plénitude de son Créateur.
Sa splendeur unique qui jamais ne sera égalée, fut si intense devant la Gloire de notre divinité, elle attisa si ardemment notre amoureux regard pour l'homme, qu'elle m'attira et même Je dirais, m'imposa de descendre en son sein virginal, embrasant en moi le désir de sauver ce qui avait été perdu. Oui, reposer en l'humanité de Marie fit se déployer très vivement mon Amour pour l'homme et ma joie de venir lui offrir sa rédemption.

Aussi, si moi Je suis venu à vous par Marie, toi-même mon prêtre, mon suivant, tu dois aller aux hommes par Elle.

Elle tisse ton habit sacerdotal comme elle tissa ma Chair en sa chair.
Te voyant auprès d'Elle, l'Esprit ne désirera plus qu'une chose, te couvrir de sa divine Présence et te combler de ses bénédictions. Et Marie refusera tout de Lui, s'Il ne vient aussi te combler, toi l'enfant qui l'a choisie pour Mère et Reine, toi qui t'es placé sous sa protection.
Qui pourrait te vaincre si tu es recouvert de son autorité, profondément enraciné dans les vertus divines dont elle est l'épouse chaste et pure ? Elle en est l'épouse certes, mais Je voulus aussi que son Cœur immaculé soit l'incomparable calice d'or pur ou est contenu le nectar de ma divine Essence. Reste donc à ses côtés car elle veut offrir cette coupe sacrée aux lèvres de ses enfants bien-aimés.

Un enfant sans sa Mère est un enfant en danger.
Ne t'éloigne pas de sa protection maternelle.
Souviens-toi mon aimé, ma Mère ne peut pas être touchée par l'adversaire de vos âmes, mais elle peut l'écraser sous ses pieds. Ah ! Mon fils, si tu pouvais voir de quelle inénarrable frayeur est saisi satan à la seule évocation de son nom béni et des vocables admirables qui lui rendent témoignage. Alors, chaque jour, chaque nuit, prie-la de reposer en son sein immaculé. Demande-lui de précéder tes actions, d'éclairer ton discernement, de nourrir ta foi. Remets-lui ton sacerdoce. Elle le conduira à la plus haute sainteté et le placera en ses entrailles bénies, faisant d'elle-même ta citadelle imprenable.
N'oublie pas mon aimé, qu'une seule créature sut m'aimer et m'aime parfaitement. Oui seul le Cœur immaculé de ma Mère sut déployer et déploie ces élans d'Amour et d'adoration infiniment parfaits et suaves qui contentent et réjouissent ma divinité. Apprends d'elle, mets-toi à son école car ton Jésus désire être aimé de son prêtre comme Il l'est de sa sainte Mère.

Mon aimé, mon prêtre, Je désire te révéler encore un secret qui te réjouiera et soutiendra ton espérance. Si tu sentais s'éteindre ou tiédir en toi l'embrasement de ton cœur de prêtre, prie ta sainte Mère de prendre ce pauvre cœur éprouvé et de le poser sur son cœur douloureux et immaculé. Là au cœur de ce brasier d'Amour, elle ranimera en toi la flamme sacerdotale.

7

LE DÉPOUILLEMENT

Le prêtre doit tout quitter pour me suivre.
Non pas qu'il doive renoncer aux biens de ce monde par son désir propre de souffrance, mais plutôt pour que rien n'entrave les élans de son cœur sacerdotal parce que Je l'appelle à saisir tout du mien… pour que rien ne restreigne ou n'entrave notre union d'amour et afin que rien n'épuise son dévouement.
Qu'il quitte sans regret tout ce que l'homme croit légitime d'avoir, car il lui a été remis l'inestimable perle précieuse, le joyeau divin, mon Amour.
Ce dépouillement exigeant que Je lui demande, n'est possible que parce qu'il m'aime en vérité, dans la confiance, comme la douce brebis aime et suit son bon maître parce qu'il est tout pour elle. C'est en faisant ainsi qu'il sera libéré des sentiments et des désirs violents qui agitent sa nature humaine. Qu'il aille le cœur léger, se sachant comblé et plus richement vêtu que les lys des champs.

C'est en s'étant ainsi délesté des fardeaux qui l'empêchent de communier tout à mon Amour et, de recevoir les bons soins de ma providence, que mon prêtre comblé en ma divine présence, pourra inviter l'homme à le suivre et le conduire à moi.
Mon aimé, mon prêtre, ainsi dépouillé des vieilles guenilles qui pèsent sur tes épaules et sur ton cœur, tu verras comme il te sera alors facile d'aller au secours de l'homme qui ploie sous les fardeaux qui l'épuisent. Ton témoignage, tes actes seront vrais puisque toi-même tu auras été libéré par ce salutaire dépouillement. C'est alors mon Amour seul que tu porteras au milieu des hommes. Tu auras sur tes lèvres les paroles de vérité et d'espérance, des paroles de paix et de bonté ; celles qui te viennent de

ton bon Maître et tu diras au pénitent : « Venez à moi, suivez-moi, vous tous qui êtes accablés et vous serez soulagés par Jésus le Christ. Comme il m'a libéré, il vous libérera. Il vous arrachera aux tyrannies qu'exercent les puissances et les richesses de ce monde sur vous. Elles vous attirent par leur falassieuse suavité pour vous enchaîner à elles et exigeront bien vite votre soumission à leur domination. » Vous pourrez dire : « Ce que mon Seigneur a fait pour moi, Lui, Jésus le Sauveur le fera pour vous. Ne vous attachez pas aux richesses de ce monde, mais comme moi, attachez-vous à la Royauté Suprême du Christ. »

Mon aimé, mon prêtre, Je sais que pour tout homme, la richesse se fait désirable car elle apporte bien des avantages, la sécurité, la possession et surtout la reconnaissance si importante pour l'homme blessé dans son identité. Pour toutes ces raisons, elle captive, mais aussi exigera rapidement toute l'attention de qui la convoite. Une fois dans le cœur, elle veut être nourrie pour se développer et dominer tout l'être. Sa séduction la rend si facilement obsédante. La richesse brille et son scintillement fait oublier à l'homme sans sagesse, qu'elle n'est pourtant ici-bas qu'un très pâle éclat devant mes divines Gloires.
La richesse peut prendre bien des visages ! Pour l'un, elle peut être une somme de connaissances, pour l'autre elle peut être purement matérielle ; une maison, un objet, une position professionnelle, un pouvoir. Mais dans tous les cas, une fois dans l'homme, elle voudra le dominer, le distraire et le détourner de mon adorable présence.
Toi mon prêtre, le bon pasteur, laisse-moi te dépouiller de tout ce que Je désire et ne garde pour toi que la contemplation du divin Maître qui ne cesse de te prodiguer ses plus admirables bienfaits. Chausse les sandales de l'humilité. Laisse-moi les attacher à tes pieds avec les lanières de la charité. Pour toi, Je les aurai nouées moi-même. Habille-toi de la tunique sacerdotale que ma Mère

a tissée pour toi. Oui, car moi Je t'appelle à vivre dès ici-bas, le Ciel sur la terre et Je t'y prépare. L'austérité que Je veux te donner en est le rempart. Blottie en elle, ton âme consacrée ne désirera d'autre lumière que celle que ma divinité lui transmet. C'est ainsi que gardée pure, l'éclat de ma Gloire te fera resplendir devant les nations et à ta suite, on désirera recevoir cette même splendeur qui t'illumine et ne se fane pas.

Les richesses qui te viennent, aussi nombreuses et variées soient-elles, ne cherche pas à les retenir pour les posséder. Comme l'eau traverse la terre et l'arrose pour la fertiliser, laisse-les traverser ta vie. Si tu es dépouillé du besoin de les posséder, elles deviendront un instrument que Je manierai pour te servir pour te conduire là où Je te désire. Mais ne leur fais pas non plus barrage, tu risquerais d'être inondé sous ces eaux stagnantes ! Et en ton cœur, la corruption ne tarderait pas à apparaître. Si tu ne te les accapares pas, si tu me les remets et me laisses en disposer, Je saurai les utiliser pour enrichir ton sacerdoce. Elles ne doivent être devant ton regard que les instruments pour l'accomplissement de mon divin vouloir.
Entre mes mains, elles deviendront les outils de la grâce. Mais ce qui est le plus précieux, c'est la grâce et non l'outil ! La grâce conduit au détachement. Et le détachement fera que rien n'aura pour toi plus de valeur que moi et notre union d'Amour.
Les richesses de ce monde appartiennent à ce monde. Elles sont comme un vieux manteau usé et sale. Alors moi, Je suis venu pour vous donner un manteau neuf fait d'un tissu incorruptible et précieux, le plus précieux de tous, ma divine Gloire. C'est d'elle dont Je veux vous revêtir.
Sois vigilant ! Dépouille-toi du vieux manteau. Ne crains pas et n'aie pas honte … J'aime ta nudité car pour la recouvrir, Je réclame les trésors des Cieux les plus admirables. Ne t'ai-Je pas déjà donné un vêtement glorieux en celui du sacerdoce ?

Oui, ne laisse rien t'écraser sous son joug et même que la connaissance que tu as reçue, te soit légère. Qu'il te soit facile de lâcher ce que as, afin de tout pouvoir recevoir de Dieu en temps et en heure, selon tes besoins. Ton Père qui est aux cieux voit ce dont tu as besoin et y pourvoit.
Mon aimé, avant d'inviter l'homme à me rejoindre, le prêtre devrait s'être le premier libéré des fardeaux que le monde met sur ses épaules. Rien ne t'est nécessaire si ce n'est ce que Je choisis de te donner et, ton pain quotidien, crois que c'est de moi et de moi seul que tu le reçois. Ce pain qui est à la fois un pain fait de blé pour nourrir ton corps et un pain fait de Dieu pour nourrir et restaurer ton âme. Et s'il te vient de la main humaine, sache que le contenu de cette main, c'est Dieu ton Père qui l'a remplie pour toi.
Ainsi, reste dans la disposition de la prière, à mon écoute.
Aime ta pauvreté qui te fait demeurer continuellement proche de la Source de tout bien.

Mon prêtre, mon aimé, parce que tu es homme, tu te sais poussière…
Alors, peut-être t'inquiètes-tu ? Que peut faire une poussière ?
Mais moi, Je te dis, ne crains pas et ne t'afflige pas ! Rejette la tentation de t'enrichir par les moyens du monde. Reste intègre comme tu es. Si tu restes ainsi, dans ce dépouillement, confiant, alors tu pourras te réjouir parce que c'est justement à cette poussière que Je mêle ma salive pour redonner la vue aux aveugles. Voilà une des grandes merveilles que Je partage avec toi, que J'accomplis uni à toi. Je redonne la vue aux aveugles !

Ne cherche que moi !
Fais ce que J'ai fait !
Proclame ce que J'ai dit !
Fais que Je sois ta seule richesse !
Et tu accompliras les œuvres que J'ai accomplies !

8

LA TENTATION

Fils, frère bien-aimé,
Croyais-tu que tu ne serais pas tenté ?
Croyais-tu que toi, porteur de l'Onction sainte,
Choisi du milieu de mon peuple,
Rayonnant de mon éclat suprême, tu ne serais pas tenté ?
Croyais-tu que ma première venue ait enlevé l'orgueil et la folie démoniaque du milieu de l'humanité ? Que Satan renoncerait aux tumultes de sa haine et choisirait la pacifiante contemplation de ma divine nature ?
Croyais-tu que l'ennemi de l'Amour, m'ayant tenté au désert, arrêterait là ses tourments, ses tentations et ses persécutions ?
Qu'au pied de la croix, il se rendrait à l'Amour. Et qu'au matin de Pâques, il s'inclinerait pour m'adorer ?

Non, mon aimé ! Bien au contraire, voyant combien Je vous aimais, combien Je donnais à votre nature humaine, la jalousie du diable et sa haine coléreuse se jetaient sur l'humanité, sur l'homme et si particulièrement sur toi mon choisi, sur le prêtre. Oui mon aimé, car sur toi J'ai versé une mesure débordante de ma divine Essence. Je t'ai appelé pour être à ma suite le bon pasteur, celui qui arrache la brebis égarée des griffes du Mal et la soustrait à sa domination. Le prêtre combat le Mal pour faire triompher la grâce dans le cœur de l'homme.
Alors oui, vous êtes et serez tentés !

Mais ma divinité éprise de toi demeure et veille.
Ton cœur sacerdotal mobilise comme nécessairement ma présence et toute ma vigilance. Où que tu sois, Je suis. Notre union

est si grande et admirable que l'adversaire qui me tenta, en nous voyant ainsi liés l'un à l'autre, est effrayé devant notre union sacerdotale. Que ne t'ai-Je pas donné en partage, ma puissance, ma Gloire, mon Amour de prédilection ? J'ai tout partagé avec toi. Aussi, fulmine-t-il rageusement. Il jette sur toi sa haine et sa colère.
Ainsi, frère bien-aimé, reste vigilant et éveillé.
Ne perds pas la vue en fermant toi-même les yeux.
Les vertus sacerdotales dont Je t'ai comblé pour ma plus grande joie, ont donné à ton regard une acuité unique. Il me plut que cela soit ainsi, afin que notre union soit toujours plus parfaite, que ton regard voit et discerne ce qui l'entoure à travers mon propre regard. C'est ainsi que tout peut te parvenir dans la vérité de ce qu'il est. Cependant, n'oublie pas que l'épanouissement des dons que Je donne, aussi grand soient-ils, est soumis au libre choix de l'homme qui le reçoit.
Mais, puisque Je t'ai ouvert les yeux par la grâce de ton onction sacerdotale, vois !
Arme-toi des moyens puissants que je t'ai donnés.
Souviens-toi toujours que la Vérité ne conçoit pas le mensonge. Bien au contraire, la Vérité révèle le mensonge…Et le père du mensonge c'est Satan, celui qui aime à mettre la confusion en déformant la vérité, en cherchant à empoisonner la révélation divine, en semant la calomnie et la peur. Ne fais aucun compromis avec lui.

Reconnais ton ennemi.
Remplis ton coeur de ma Parole et que sur tes lèvres elle soit le glaive aiguisé qui tranche et sépare le bien du mal et le vrai du faux.
Ne retire rien à ma Parole.
A travers elle, laisse-moi déborder de toi et me répandre comme

un embrasement de vérité. Nous serons unis et ensemble nous vaincrons.

Ne dis pas : « Satan n'existe pas ».
Ne dis pas : « La tentation est le mécanisme propre de la pensée, de la raison », car la tentation existe et elle est bien là, au cœur de toute vie, au cœur de ta vie. Elle est l'œuvre du diable. Elle est comme un lierre, une plante parasite qui ne peut s'élever sans tuteur, sans une vie à recouvrir. Et elle cherche sa victime pour se répandre et étouffer la vie.
La tentation te choisira toi en premier mon prêtre et tentera de te recouvrir pour t'étouffer et se hisser à cette place unique où Je t'ai établi : au coeur même de l'Eglise.
Chasse de mon Église, chasse du milieu de mon peuple pour qui J'ai donné ma vie, ces infestations et les tyrannies des enfers.
Toi-même donc à qui J'ai ouvert le regard de ton cœur et celui de ta chair, lutte afin de ne jamais être un tuteur des ténèbres.
Je te bénis mon aimé.

9

LE LEVAIN DE DIEU

Fils, frère bien-aimé,
Pourquoi es-tu combattu, toi que J'ai revêtu du Sacerdoce royal ? Mais parce que ta consécration sacerdotale à fait de toi le levain de Dieu, celui que J'ai placé au cœur de ce pauvre monde, comme est placé au cœur même de la pâte du pain le levain afin qu'il y travaille et lui donne ses riches saveurs !

Moi le bon Berger, Je réunis mes enfants pour qu'ils forment un même troupeau, un même corps et Je vous ai mis au milieu d'eux. Alors, comme le levain soulève la pâte où il est placé, ainsi là où tu te tiens, travaille la grâce pour que soit donné à la pâte humaine toutes les saveurs de ma divinité. Par ta présence et ton action, la vie de l'homme s'élève vers une nouvelle dimension et nos natures s'unissent.
Le levain aère et enrichit la pâte.
Il est discret au milieu de cette pâte mais cependant, il agit puissamment. Toute la masse est levée sous son action et, si ce ferment est saint, tout le pain sera parfumé de cette sainteté. Bien sûr, le levain ne se fait pas remarquer, enfoui au coeur de la pâte, tout comme ton sacerdoce n'attire pas l'attention, placé au coeur de l'humanité, cependant tout change lorsqu'il est là. Par ta présence et ton travail de prêtre, l'âme s'élève, s'aère et respire mon divin souffle. L'homme peut enfin recouvrer en lui sa dimension spirituelle et voir ainsi restaurer l'unification de son être. Il n'est plus cet infirme, estropié qui peine chaque jour davantage à trouver son salut et la saveur de son existence.

Le prêtre, que la communion à mes divins mystères enthousiasme, se livre avec confiance, dans un zèle tout aimant, pour guider et soutenir cet enrichissement de l'homme et l'accompagne dans son élévation.
Comme le levain se mélange à la pâte, ainsi par le prêtre, la dimension spirituelle s'uni à la chair et conduit l'homme sur les sommets de la grâce. Mes richesses divines, qui débordent de mon Sacré Cœur, peuvent alors se répandre généreusement en mes enfants et livrer toutes leurs saveurs.
Le prêtre, qui de moi aura appris à puiser en mon divin Cœur toutes les saintes puissances et la sagesse nécessaires au relèvement des âmes, sera à la fois acteur et témoin de cette union bienfaisante de Dieu et de sa créature. Il saura aussi encourager chacun de mes enfants qui avance sur cette voie de l'union d'Amour, puisque lui-même s'y est engagé et la parcourt chaque jour.
Vous mes prêtres, dont l'âme est appelée à dispenser et imiter l'âme du votre divin Maître, vous faites respirer l'homme ; à travers vous ma divinité s'insuffle dans la vie humaine.

Pour cela, le monde vous combattra.
Vous êtes le levain de Dieu au milieu du monde.
Je vous bénis.

10

LES COMMANDEMENTS

Fils, frère bien-aimé,
N'attends pas que l'on t'aime.
N'attends pas que le monde t'aime!

Moi qui suis ton Seigneur, l'unique Rédempteur et Sauveur, Je te le dis en vérité, Je ne suis pas venu dans le monde pour caresser ce monde. Je suis venu pour arracher à ce monde mes enfants que la domination du péché garde captifs.
Parce que Je m'oppose et combat l'esprit de ce monde, Je suis signe de contradiction pour une multitude et toi, à ma suite, tu témoignes de cette contradiction.
Alors, pour cela, n'attends pas d'être conforté par l'esprit du monde car le monde ne m'a pas accueilli et il n'accueillera pas ceux qui me rendent témoignage en vérité. Mais assure-toi que ta vie, ta parole soient bien conformes à ma vie et à ma Parole. C'est ainsi que ton sacerdoce ne se laissera pas corrompre. Ma Parole guide tes pas vers la sainteté, ta sainteté. En elle, sont révélées les pensées de Dieu. Elle garde en son sein béni, les secrets du divin Cœur. En elle, Dieu se dévoile en pure vérité. Ma parole accompagne l'homme, génération après génération et le guide tout au long de sa vie. Son immuabilité fait d'elle le roc infaillible sur lequel, de tout temps et à toute époque, l'homme trouve la sagesse et la force qui le conduisent au salut.
Mon prêtre, le péché a touché la nature humaine, il a ravi de son esprit l'équilibre et la paix.
A cause de cela, l'homme ainsi affaibli, insécurisé, cherche constamment à recevoir l'approbation de ses décisions et de ses choix.

Toi aussi mon frère bien-aimé, dans ton ministère, tu es éprouvé dans ce combat entre la raison blessée et la foi. C'est pourquoi, il est important d'encadrer ta vie de prêtre de saintes clôtures. Là, abrité dans l'enclos de la grâce, tu trouveras paix et vérité.

Pour cela, voilà ce que te dit l'Amour :

« Écoute Israël, l'Éternel ton Dieu est le seul Éternel !
Tu aimeras l'Éternel ton Dieu de tout ton cœur, de toute ton âme et de toute ta force.
Et ses commandements que Je te donne aujourd'hui seront dans ton cœur.
Tu les inculqueras à tes enfants et tu en parleras quand tu seras dans ta maison, quand tu iras en voyage, quand tu te coucheras et quand tu te lèveras.
Tu les lieras comme un signe sur tes mains, et ils seront comme des frontons devant tes yeux.
Tu les écriras sur les poteaux de ta maison et sur les portes. »
Deutéronome – 6-9

Voilà la sainte clôture, la forteresse de l'âme, de ton âme.

Mon bien-aimé, en révélant à Moïse ces paroles, Je révélais mon Amour à l'homme et le moyen de le sauver de la corruption qui avait pénétré sa nature. Je dévoilais les désirs de mon divin Cœur en inscrivait mes commandements avec un feu, un embrasement d'une si grande puissance qu'à cet instant, le ciel et les monts semblaient eux-même s'être enflammés. Devant ce spectacle unique, la crainte saisi l'homme et s'inscrivit dans son cœur. Je lui dévoilais la divine volonté avec le fracas et la puissance redoutable d'une foudre qui déchira en un instant, l'obscurité des ténèbres où mes enfants se trouvaient jusqu'alors prisonniers sans espérance. Et cette crainte resta dans le cœur de l'homme pécheur, lui

rappelant sa faute et sa faiblesse, jusqu'à ce que Je vienne pour fondre la Loi de la crainte dans la Loi de la l'Amour. Avant cela, les hommes étaient comme vos premiers pères, les spectateurs de l'embrasement du Cœur divin, sans pouvoir y communier ou s'y plonger. Oh comme ils désirèrent ce que toi tu as reçu, plonger dans cette fournaise du divin Amour et en laisser les flammes embraser tout son être.
Ne contempler rien de plus majestueux que la splendeur de ce feu, ne rien goûter de plus suave que ses jaillissements d'Amour. N'être jamais aussi bien consolé et conforté qu'au cœur de sa tendre chaleur.
Mais devant eux, le chemin n'avait pas été ouvert.

Toi mon prêtre, Je t'ai fait venir jusqu'à moi et J'ai lié ton cœur et tes mains aux commandements de l'Amour. Par ta consécration sacerdotale, J'ai fait de ton humanité un buisson ardent, que les flammes du pur Amour embrasent sans anéantir. Je t'ai plongé dans cette fournaise de ma Gloire et te voilà flamboyant.
Oh mon aimé, surtout ne t'éloigne pas de mon Sacré-Coeur, puisque c'est en Lui que ton embrasement est entretenu. Là est ta place. Que rien ne te distraie de moi, ni les allégresses, ni les adversités !
Ne quitte pas cette fournaise d'amour, mais au contraire exige de moi que chaque jour, Je t'y maintienne comme emprisonné et que pour toi, Je sois celui qui repousse l'ennemi qui veut t'en arracher. Ta vocation est d'être l'embrasé du Feu d'Amour, l'immolé de mes plus parfaits désirs, afin de vouloir satisfaire aucun autre que ceux que Je t'aurai donnés.
En moi est contenue toute la Loi et moi, Je la porte jusqu'au plus intime des régions de ton être.
Viens avec humilité devant moi et ne crains pas de me demander mon assistance, car toujours, Je me tiens auprès de toi, prêt à te dire : « Que veux-tu que Je fasse pour toi ? ». L'humilité m'est si

chère que lorsque Je la rencontre dans une âme, Je m'empresse de la combler des grâces les plus estimables. Et lorsque se lèvent les tempêtes et les tiraillements de l'âme, réfugie-toi dans la charité car la charité te conduira à la très précieuse humilité.
En elle tu me trouveras toujours. Mon Sacré Cœur est la demeure de l'humilité qui est embrasée dans le feu de la Vérité.

Cherche et apprends l'humilité de celle qui l'a porté en son sein virginal et donné au monde. Elle, la Toute-Pure, mon auguste Mère en a reçu la pleine jouissance par ses noces avec l'Esprit-Saint. Contemple la, plongée au coeur de cet embrasement, rayonnante en ma divine Gloire.
N'oublie pas encore !
Moi-même, Je suis venu par Elle et toi, tu pourrais venir à moi sans Elle ?
Moi, Je lui ai donné l'humanité afin qu'elle en soit la Mère.
Elle est la Maison d'or des divines vertus. En bonne Mère, elle aime à les préparer pour toi afin que tu t'en régales et qu'elles te fortifient dans ta croissance en sainteté.

Comme Je désire que vous soyez de saints pasteurs, ne trouvant leur reconnaissance que dans le regard de l'Évangile ! Préférez l'inconfort et l'austérité des champs de bataille plutôt que les salons et leurs badinages « spirituels »!
N'attendez rien de ce monde, si ce n'est de l'opposition.

Ce n'est pas ce monde qui vous jugera mais le regard de Dieu votre Père, son regard plein d'Amour, qui cependant voit et connaît le fond des coeurs.
Demeurez intègres devant Lui et Lui sera tout pour vous !
Tout à vous !
Craignez seulement la divine jalousie qui ne peut accepter que Son Amour donné, livré, soit jeté aux chiens et aux cochons !

11

LE SOUFFLE DE DIEU

Mon aimé, mon prêtre, tu es vivant.
L'Esprit souffle en toi la vie divine.
Tu inspires l'Haleine de vie.
Le souffle de Dieu circule en toi et vient animer ton être. Il va de mon Coeur à ton coeur. Il gonfle tes poumons et réjouit ton âme.

Mon prêtre, mon aimé, Dieu a donner à l'homme deux poumons pour animer sa vie, tout comme il a donné à l'homme deux dimensions pour animer et équilibrer sa vie. La dimension matérielle, que révèle les sens charnels, son premier poumon et la dimension spirituelle qu'anime l'Esprit, le deuxième poumon. Le péché qui a pénétré la chair, a fermé la dimension spirituelle. Il l'a muré comme est muré une porte, empêchant le deuxième poumon de vivre et de travailler comme il le devrait. Il espérait ainsi empêcher à tout jamais que soit rétablie l'harmonieuse union entre l'homme et Dieu son Père.
Ce fut un des déferlements de sa haine et de sa jalousie contre l'enfant bien-aimé.
Mais Je suis venu et par ma résurrection, J'ai brisé ce mur et J'ai réouvert l'accés à cette dimension spirituelle. J'ai redonné ses deux poumons à l'homme. Oui, J'ai brisé la pierre et permis que le divin Souffle puisse à nouveau porter toute sa vie. Ce fut une véritable renaissance que Je donnais à l'homme sans qu'il n'ait à retourner dans le sein de sa mère pour cela. Une fois le deuxième poumon libéré, le divin Souffle put venir et doucement, patiemment le défroisser sous son action vivifiante car la mort l'avait recroquevillé et désséché.

Ah! Mon aimé, comme il faut que les deux poumons de l'homme, ses deux dimensions soient tous deux bien actives, travaillant et se gonflant en bonne harmonie! Et comme cela est indispensable pour le prêtre!
Si l'homme ne respire qu'avec un poumon, celui de la vie matérielle, ou celui de la vie spirituelle, il est comme un estropié, essoufflé par toute chose, il n'arrivera pas à gravir les hauts sommets de la grâce. Il s'asphyxie dans sa marche. C'est dans cette asphyxie que tant d'hommes vivent leur quotidien, qu'ils le subissent, s'en effraient ou s'affligent de sa morne répétition, sans relief, ni saveur. La peur et la tristesse éteignent leur être, simplement parce qu'ils ne reçoivent pas pas mon divin Souffle. Ils ne respirent pas!... Ils suffoquent! Ils s'éteignent comme une bougie voit sa flamme s'éteindre, faute de recevoir l'air qui l'embrase. Les ombres de la dépression s'étendent alors sur eux, comme une nuit sans plus de lumière et finissent par les plonger dans l'obscurité la plus noire.
Ah, comme le divin Souffle sait aérer et faire circuler la vie en celui qui le reçoit! Comme il sait enflammer tout l'être ! Il élève la vie de l'homme comme s'élèvent les flammes d'un brasier lorsqu'un souffle d'air le pénètre. Quelle hauteur il donne à la vie humaine, de quelle vie véritable il l'anime!

Mon prêtre, mon frère, reste proche de moi… Si proche… Puisse mes mains, que l'Amour a laissé transpercer, recevoir et porter ton visage tout près de ma Face adorable. Que mon Souffle puisse constamment t'investir car Je t'appelle à donner à l'homme ma divine Essence. Qu'en toutes les dimensions de son être que ma divine Haleine l'éclaire, le rafraîchisse et le parfume de mes vertus.
Apprends-lui à respirer, à respirer avec ses deux poumons. Apprends-lui à accueillir, à demander ce divin Souffle qui harmonise toute la personne humaine. Apprends-lui à accueillir mon souffle afin que l'espérance se lève en tout son être, que Je m'unisse à lui,

à son quotidien. C'est ainsi que l'âme se réveillera à la vraie vie en Dieu. Oui, en vérité, lorsque tu verras cette espérance et cette légèreté en l'âme, ce sera pour toi le signe qu'elle respire bien.
Mon Prêtre, mon aimé ne laisse rien t'éloigner de notre singulière proximité, ainsi mon divin Souffle ne te fera pas défaut et l'homme apprendra à le connaître pour le désirer et il le recevra à travers toi.
Mon aimé, oui, respire par tes deux poumons, de grandes et profondes respirations. Que ta respiration soit pleine de Dieu.

C'est mon divin Souffle qui doit animer ton ministère, faire résonner et rendre puissantes tes paroles. Qu'elles percutent et embrasent les coeurs, éclairent les esprits et soient entendues même des hommes les plus éloignés. Sous son action tes paroles s'harmoniseront parfaitement aux miennes car chacune d'elle doit être mon épouse fidèle.
Oh oui mon aimé, comme Je désire livrer ma divine Haleine à l'homme car il faut que ma divine Haleine ventile tout son être. Sois donc tel un soufflet docile entre les mains de ton doux Maître et que de toi soit exhalé ce que tu as reçu. Mon prêtre, à toi la vocation et la grâce particulière de conduire l'homme à cette réanimation, cette ventilation vitale.

Les ténèbres te combattront pour cela puisque par toi, le Souffle de Dieu, son Essence même, peut entrer puissamment dans le monde, dans le cœur des hommes. Oh ! Il vient avec toi, l'Uni du Christ pour briser les pierres des tombeaux où sont gardés mes enfants enfermés, contraints à vivre leur existence, allongés comme des cadavres dans leurs tombes ... Ah mon fils, jamais au grand jamais ne t'éloigne de moi, afin que toujours ma divine haleine en toi se déverse comme une source vive, comme un fleuve dont les eaux impétueuses resplendissent de ma Gloire infinie.
Je te bénis.

12

CŒUR DE JÉSUS

Fils, frère bien-aimé,
Il te faudra aussi rencontrer la souffrance.
Elle ne sera probablement pas celle que tu avais prévue, pour laquelle tu te serais peut-être préparé.
Ni celle que tu étais prêt à accepter. Mais sache qu'elle sera toujours celle qui s'est gravée en moi… Je la connais.
Elle est celle qui creuse l'âme, retourne le cœur, ouvre la chair comme le sillon du labour ouvre la terre car c'est dans cette chair, dans ta chair sacerdotale que le grain de l'humanité tombe, germe pour porter un fruit de sainteté.

Parce que tu as choisi et accepté le sacerdoce de prêtre, tu es la terre fertile où les âmes se déposent et s'enfoncent dans les mystères de la rédemption pour donner leur fruit, la résurrection dans la vie éternelle.
C'est bien dans le cœur du prêtre que le fidèle peut voir s'accomplir la métamorphose de son existence.
Comme l'homme relevé et lavé de ses fautes abandonne son vieux manteau, ainsi l'homme déposé dans ton sacerdoce peut quitter la cosse durcie de sa nature abîmée par la corruption du péché.
Il laisse à la terre ce qui est à la terre et s'élève vers sa demeure éternelle.

Mes prêtres bien-aimés, ne fermez pas votre cœur aux appels des vôtres qui sont aussi les miens.
Oh ! certainement, ces appels sont exigeants pour vous, pour votre nature et cette exigence est bien souvent source de souffrances.
Mais ces appels sont bien souvent les premiers vagissements de

l'âme qui aspire à la vraie vie. Déjà, Ils annoncent la nouvelle naissance de qui s'est posée dans la terre fertile de votre cœur sacerdotal...Le nouveau-né, le petit enfant fait connaître ses besoins à son père.
Pour offrir à ceux qui vous appellent ce lieu propice à l'accomplissement de leur salut, restez unis, blottis en mon Sacré Cœur. Mon Cœur est doux et humble et pour vous si largement ouvert. Il prend patience, ainsi doit être le vôtre. C'est moi et moi seul qui puis faire de votre cœur de pierre un cœur de chair, où l'Amour se developpe, un cœur de compassion, car voilà, le cœur du prêtre doit être un cœur d'accueil à l'image du mien. Ne gardez jamais votre souffrance, votre fatigue, vos lassitudes pour vous, mais toujours plongez-les dans ce divin Cœur ; c'est ainsi que Je vous soulagerai.
Bien sûr, un cœur de chair, qui n'est plus de pierre, peut être transpercé et connaître la souffrance. Mais unie à moi, cette souffrance devient le terreau fertile où peut renaître la vie.

Placez votre vie sacerdotale dans mon Sacré Cœur. Je vous dirais même : que toute la majesté de votre prêtrise se construise en Lui, car ce qui me plaît est de vous montrer et de vous enseigner la grandeur des œuvres divines. C'est par ce divin Cœur que Je les déverse généreusement pour vous et pour mes enfants.
Alors, voyez-vous, avec moi, vous rencontrerez la souffrance, mais avec moi vous donnerez la vie.

Je vous bénis.
Regardez mon divin Cœur...
Vous serez inéluctablement conduits à contempler ma très Sainte Face, la Face qui a vu toute la souffrance du monde et sur laquelle elle s'est inscrite.

13

LE SENS DE LA CROIX

Je Suis la Résurrection et la Vie.
Celui qui marche avec moi,
Marche vers la Résurrection.
Celui qui me donne sa vie,
vit de ma Vie éternelle, car ce qui était perdu, Je l'ai sauvé.
Ce qui appartenait à la mort et à la désolation, Je l'ai vaincu.

Il n'y a pas de résurrection sans croix.
Et il n'y a pas de croix sans résurrection, pour qui ne me refuse pas.
C'est la croix qui justifie la résurrection de l'homme,
Tout comme la résurrection renverse la Croix,
comme un instrument dont on n'a plus l'utilité.
Car moi, J'ai vaincu la mort une fois pour toutes.

Mon prêtre, mon aimé, Je désire te parler de la Croix car c'est elle que tu rencontres et rencontreras dans la vie de tout homme comme dans ta vie. Tu verras la croix se lever dans ton ministère, qu'elle soit pour toi, ou pour tes frères et sœurs, bien souvent comme un obstacle inattendu qu'il faut franchir. La Croix ramène toujours l'homme à la réalité de sa faiblesse et de sa pauvreté. Elle plonge dans la vérité.

Mais là où tu dois passer, je suis déjà passé et là où tu devras combattre, J'ai déjà vaincu. Au moment où la Croix s'empare de toi, revendique ma victoire. Sois comme l'enfant qui se jette dans les bras de son père pour recevoir son secours et sa force.
Comme il me tarda, lorsque Je vivais en ma sainte humanité, de

m'emparer de cette Croix où se trouvaient contenues toutes les croix de mes enfants bien-aimés, afin de la recouvrir de ma divinité et de renverser le règne de la mort et du péché.

L'homme créé à mon image, façonné à ma ressemblance ne devait connaître ni la violence de la souffrance, ni celle de la mort. Mais tu le sais, le péché est entré dans la vie de l'homme et pour marquer sa victoire, il infligea tant de douleurs à l'humanité. Il fit de tout ce qui porte la désolation et afflictions sa bannière morbide. Cette bannière dressait sur le monde, symbolisait son règne au cœur de l'humanité, l'abomination de la souffrance, la tragédie de la mort. C'est cette bannière que ma victoire a saisie et renversée. Je l'ai plongée dans les flammes de mon Sacré Cœur. Seule ma dimension divine, surhumaine que J'unissais à la chair me permit d'agir afin que l'homme soit libéré des abominations de la haine. Et la Croix jadis instrument de mort devint le signe, la bannière de ma victoire et de votre salut. Le signe d'espérance et de rédemption pour l'homme de foi. Elle devint le signe de la victoire de l'Amour. Cette Croix, ma Croix, Je l'ai remise entre tes mains, Je l'ai accroché à ton cou afin qu'elle soit l'intrument de salut pour mes enfants bien-aimés. Avec elle, c'est maintenant la bannière de ma victoire que tu as en main, élévée à la face des nations.

Mon aimé, souvent on jettera à ta face, comme une provocation contre Dieu qui est Amour, cette violence de la Croix, qui contient toutes les croix des hommes. On jettera contre toi cette détresse qui saisie l'homme lorsqu'il la rencontre et qui le projette dans une réalité de douleurs où la maîtrise de sa vie lui est arrachée. Cependant, il sent bien que cette violence a une origine au-delà de sa nature, alors, il accuse Dieu… Dieu n'est-il pas au-dessus de tout et ne peut-il pas tout ? Mais on oublie la faute, le péché que l'on a accueilli si largement et ses conséquences cruelles. Et pendant que l'on flagelle ma divinité de tant d'injustes reproches et de tant de condamnations, le Mal lui, demeure caché dans ses ténèbres et attend haineux que sa proie gorgée de colère et d'amertume, se sépare de son Père, de l'Amour pour tomber entre ses mains.

Le drame mon aimé, c'est que l'homme ne connaît pas le sens de la Croix. Il ne le connaît pas encore ou s'il l'a connu, sans doute l'a-t-il oublié ou bien le refuse t-il trop souvent. Il exige le bonheur et ses suavités et s'indignent si on lui montre le chemin qui y mène. Le chemin que J'ai ouvert pour lui et suivi moi-même, le chemin de la croix. Ne suis-Je pas le Chemin, la Vrité et la Vie ? Voilà résumé toute l'épopée du salut de l'homme.

Alors oui, pour une multitude, la Croix reste un instrument stérile car elle est incomprise puisqu'on l'a séparée de moi, de mon amour, de ma victoire. Elle n'est qu'un instrument de mort et cette incompréhension la rend plus douloureuse encore. Mais pour l'homme qui accepte de regarder la Croix où Je suis crucifié, tout change.

Je l'appelle à moi et toi mon prêtre, à ce moment si intense, tu te fais l'écho de ma supplique. J'appelle l'homme à moi qui suis cloué sur le bois de la Croix pour qu'il ne reste pas seul avec sa douleur, mais qu'il veuille bien me la remettre. Je le prie de venir tout contre moi. De poser sa tête affolée par les tourments de sa chair meurtrie ou ceux de son esprit blessé contre mon divin Cœur transpercé afin de déposer dans mes blessures toutes ses blessures. Je suis là pour enfermer ses souffrances dans mes blessures, recouvrir sa détresse de mon Amour, combler les gouffres de la mort qui s'ouvrent sous ses pieds par mes bénédictions.

Je recouvre toutes ses souffrances de mon Amour. Je prends sa croix sur mes épaules et Je marche devant lui. Il ne lui reste plus qu'à en soutenir l'extrémité. J'éclaire son esprit. Je préserve sa paix. Dans l'épreuve, Je le conduis, ma Gloire le conduit avec

force et autorité afin qu'il traverse victorieusement chaque étape. Le combat demeure, mais il est pour atteindre la victoire et faire de l'âme l'héroïne de l'Amour. Ce n'est alors plus au bois rêche et mort de la Croix que l'homme est attaché, mais à moi et au lieu de souffrir pour mourir, l'homme souffre un moment limité pour ensuite naître à la vie éternellement où Je l'emporte. Je soutiens en sa chair, en son cœur, en son âme, les douleurs inévitables de son enfantement à la vie éternelle.
Oh mon prêtre, toi à qui il a été donné de te délecter de l'Amour divin, tu sais combien Je suis douceur et joie. Aucune douleur ne peut sortir de la divinité. La douleur est le fruit du péché qui est entré dans la chair. C'est pourquoi J'ai revêtu votre chair afin d'atteindre la souffrance et la mort pour les vaincre là où ils avaient établi leurs dominations. Oui la Croix est violente, comme est violent tout combat, mais entre mes mains elle devient instrument de salut. Elle n'est plus l'emblème de la mort, mais de la vie ! Souvent, la Croix ouvre brutalement la conscience de l'homme sur le sens de sa vie. Elle le réveille et le met face à la vérité, c'est aussi pourquoi elle peut être un instrument de rédemption. Moi, Je fais de chaque croix, chaque épreuve, le barreau de l'échelle que l'homme doit gravir pour s'élever jusqu'à sa rédemption et rentrer dans le Royaume des Cieux. Sois vigilant à son ascension. Assure ses pas.

Mon prêtre, mon aimé, mon Simon de Cyrène, tu avances courageusement avec moi et tous les deux, l'un auprès de l'autre, nous portons la croix du pécheur. Ta peine et tes effrots se fondent dans ma peine et le zèle de mon Amour. Tu portes à la source de la rédemption chaque pécheur. Cette source a jailli de mon Sacré Cœur ouvert sur la croix.
Là où la Croix est dressée dans la vie d'un homme, J'y fait jaillir cette source. Conduis-y chaque homme éprouvé.
Apprends à l'homme éprouvé, qu'il doit se préparer à tout perdre

comme moi J'ai tout perdu, dénudé sur la Croix. C'est ainsi qu'il goutera aux fruits de ma victoire.

Mon prêtre, mon aimé, mets la passion de chaque homme dans ma Passion afin qu'il reçoive les mérites de ma résurrection. Accomplie cela avec patience et charité. Oui, la charité sait être patiente et miséricordieuse… Qui ne tomberait pas sur son chemin de croix ?!… Oui, mon aimé, compassion et miséricorde pour porter mes enfants !

Oui mon aimé, J'ai fait de la Croix, instrument de mort, un instrument de vie dont la fécondité déborde de toute part. J'ai saisi la Croix froide et inerte comme la mort et mon amour l'a embrasé en un foyer de vie. Tu es celui qui annonce ce grand triomphe, qui se réalise par ton ministère.
Par toi l'espérance demeure et triomphe !
Je t'ai donné la grâce de communier tout spécialement aux souffrances des hommes afin de les plonger, de les noyer dans l'océan infini de ma miséricorde. Par les sacrements que tu administres, tu permets à ma plénitude d'Amour de pénétrer les peines de l'homme.
Par toi, Dieu enlève les clous qui gardaient l'homme rivé à la mort.

14

RÉPONDRE A L'APPEL

Mon aimé, mon prêtre,
Ne laisse pas le fil des jours peser sur toi… Ne porte pas ta vocation sacerdotale comme un joug écrasant, un fardeau trop pesant. Comme un outil de travail éreintant qui à force entaillerait gravement ta chair et épuiserait ton coeur.
Comme une charge qu'il te faudrait supporter et soutenir seul.
Comme la conséquence d'un choix devenu incertain qu'il te faudrait assumer chaque jour, isolé, seul avec toi-même.

Mon aimé, Je t'interroge : « Pourquoi es-tu prêtre aujourd'hui ? ».
Tout d'abord, ne crois pas que tu aies été l'unique décideur du choix de ta vocation.
Si tu as librement répondu à l'Appel du sacerdoce, c'est bien sûr, parce qu'à l'origine de cet Appel, tu as senti ma présence.
Oui, il y eut bien un Appel, mon Appel. J'ai attendu patiemment le moment propice pour le laisser résonner en tout ton être. Pour le dévoiler en toi. Et mon divin désir se fit entendre comme un écho dans ta vie.
Mais avant même que tu sois formé dans le sein de ta mère, moi déjà Je te désirais pour frère. Je désirais que nos âmes se fondent l'une en l'autre particulièrement, parce qu'immergées dans le même brasier de l'Amour divin. Que par l'onction sacerdotale qui nous unit, soit versé en ton cœur l'intimité de mon Sacré Cœur.
N'oublie pas mon aimé, que puisque cet Appel vient de Dieu, il est donc jaillissement d'Amour pour toi et en toi ! L'Appel est Amour et ta réponse doit être une réponse amoureuse.
L'Amour ne sait pas contraindre. Il aime à se donner bien au-delà de la sagesse humaine et se livre en mesure tassée et débordante

pour combler de ses bénédictions et ses bienfaits.
Le sacerdoce est un don d'Amour du Père à son Fils bien-aimé et toi tu es le suivant du Christ. Ce qui plaît au Père c'est de montrer au Fils ses œuvres afin que le Fils puisse faire les œuvres du Père et communier en parfaite plénitude avec le Père. Qu'en l'Un et l'Autre la contemplation soit incessante et pleinement consommée ! Le Père se réjouit dans ses œuvres et c'est pourquoi, Il se réjouit dans les œuvres du Fils ! Et le Fils s'émerveille de ses œuvres car Il s'émerveille des œuvres de son Père. C'est dans cette circulation d'Amour que vous avez été appelés à pénétrer et vivre. Ainsi, vous mes prêtres, qui avez entendu l'Appel et qui avez choisi d'y répondre par votre « oui », réjouissez-vous et apprenez du Fils les œuvres que le Père vous donne d'accomplir. Nourrissez et animez votre vie sacerdotale par le feu de la confiance et de l'Amour car il est vrai qu'une telle vocation nécessite un cœur embrasé d'un Amour pur. Plus votre vie sera conforme à la sainte Ecriture, plus l'Amour sera pur en vous. Livrez-vous généreusement au service du culte. Entretenez l'embrasement de votre vie sacerdotale avec les ressources de l'Eglise, avec la foi et la prière afin que cet Amour enflamme votre cœur et vous purifie sans cesse. Puisez en Lui chaque jour, pour vous-même d'abord puis pour les autres.
Enrichissez-vous en !
Remplissez vos cœurs sacerdotaux des trésors de mon divin Cœur !
Prenez sans rien payer ! Remplissez-vous jusqu'à déborder et répandez-moi tout autour de vous ! Laissez-vous approcher et offrez ce que vous avez reçu. Saisissez le pouvoir qui vous a été remis et vous verrez combien, dans votre quotidien, J'accomplis ma divine volonté à travers votre disponibilité. C'est moi qui soutiens votre « oui » sacerdotal.

N'ayez pas peur du poids du sacerdoce à porter. Il n'est autre que celui de l'Amour doux et humble ! Et s'il devenait trop pesant, se serait par la faute de la prédominance de votre humanité sur ma divinité.

Ne jugez pas vos actions comme aime à juger le monde, avec des pensées de rentabilité.
Ayez confiance en moi et répandez ma bénédiction !
Ne vous assombrissez pas lors de vos fautes, de vos erreurs, ou de vos chutes mais venez à moi ! Je suis la Lumière qui vous éclaire ! Je vois le fond de vos cœurs. Jettez dans les flammes de mon divin Cœur vos péchés. Un cœur contrit se délecte du feu purificateur de ma miséricorde. Il n'y a pas une mort que Je ne puisse ressusciter... Mais permettez-moi d'agir. Ne me laissez pas seul sur votre chemin.
Être prêtre à la suite de votre Seigneur est une joie !
Une joie éternelle ! La joie d'œuvrer au salut des âmes. C'est cette joie que Je veux entretenir en vous chaque jour de votre vie ! Cette joie se communique à ceux qui cheminent à vos côtés ! C'est cette dimension d'éternité que vous donnez.

Accomplissez votre quotidien en vous souvenant que vous avez été mes choisis par amour.
Cette grâce vous a été offerte, remise gratuitement.
Vos choix assurent la pérennité de ce don.
Dieu votre Père est libre et ne réclame rien que votre confiance et votre joie, le reste vous est donné par surcroît.

15

L'ESPRIT VEILLE SUR TOI

Mon aimé, mon prêtre,
Est-il créature plus grande que le Créateur ?
Est-il puissance au-dessus de la Toute-Puissance divine ?
Existe-t-il meilleur don que celui qui te vient de Dieu ton Père ?
Est-il don plus parfait que ceux que te communique l'Esprit de Dieu ?
Il se tient au-dessus de toutes choses créées. Il domine toutes choses.

Et moi, aujourd'hui, Je te le dis :
C'est l'Esprit de Dieu qui repose sur toi et qui t'a consacré.
Par Lui, Dieu repose en toi et toi en Lui.
L'Esprit de ton Seigneur est une source pure, rafraîchissante, une source intarissable qui jaillit dans la communion du Père et du Fils. Il est sainteté infinie éternelle et c'est pourquoi son action est bienfaisante. Il va et se donne.
C'est Lui qui accomplit toutes choses en toi, toutes choses saintes.
Il fait de toi un homme relevé. Un homme de Dieu.
Il éclaire ton œil. Il te fait tenir droit.
Tu te tiens au milieu des hommes comme l'arbre de vie planté par l'Éternel ton Dieu. C'est Lui qui te rend fertile, il te soutient et te conduit.
C'est Lui qui rend ta langue hardie pour de te permettre d'implorer l'Éternel pour son peuple.

Il ne prend pas de repos et lorsque toi, tu te reposes, Lui veille et scrute les remparts de Jérusalem. C'est là qu'Il te conduit, sur ces hauteurs, afin que toi, devenu veilleur de l'Éternel, tu confondes ses ennemis.
Il tient ton bras et soutient ta faiblesse tandis qu'à travers toi,

ton Seigneur porte la Lumière et sa victoire aux nations. Il fait de toi une terre consacrée, le flambeau de sa Gloire au milieu des hommes.
Ne crains pas, l'huile sainte t'a oint, l'Esprit-Saint t'a recouvert.
C'est pourquoi Il t'envoie porter de bonnes bénédictions à son peuple.
Il veut guérir les cœurs blessés, libérer les captifs.
Que te sert ta vie si tu ne laisses l'Esprit en disposer ?
Mon fils, tu es prêtre et tu es homme pécheur. Ne te dissimule pas. Humblement, vois ton avantage dans ta faiblesse car l'Esprit s'élance vers la pauvreté pour la combler de ses richesses infinies.
Si tu cherches par toi-même à suppléer à la faiblesse humaine, l'Esprit en toi sera contrit.
Ouvre-toi à son action. Laisse ton humanité se dilater en sa divinité et Il sera tout en toi.
A qui voudrais-tu aller ?
Si tu le laisses saisir ta pauvreté, Il te la révélera en vérité, dans sa miséricorde. C'est alors qu'Il fera grandir en toi la compassion par qui la charité arrive. La charité changera ton cœur de pierre en un cœur de chair, doux et humble, capable d'aimer. Un coeur semblable au mien, mon aimé.
Il fera de toi le réconfort des nations et un signe d'espérance.
Il couvrira ton âme sacerdotale des divines vertus, fleurs admirables qui sous son souffle exhaleront leurs parfums suaves et iront réconforter le cœur de l'homme.
Il a mis en toi sa paternité divine.

Inlassablement et humblement, appelle et cherche sa Présence.
S'Il s'écarte de l'arrogant, Il comble celui qui de tout son amour, son espérance, l'appelle « Père ».
Par Lui, la Lumière s'est levée dans le monde.
En ta chair, Il met la Lumière véritable, qui éclaire toutes choses.
A travers cette Lumière, tu verras l'homme.

16

TES PAS DANS MES PAS

Frère, bien-aimé,
Crois bien que si Je t'ai appelé,
C'est pour mettre tes pas dans les miens,
Aller là où Je suis allé.
Comme le firent mes premiers apôtres, les premiers appelés.
Tu n'as pas à trouver une autre voie, une autre méthode pour vivre ton ministère.
Car Moi, celui qui t'appelle à sa suite, Je suis Le Chemin, La Vérité, La Vie.

Crois à l'Évangile !
Crois en la Parole de Dieu !
Crois en l'Eglise !
Crois à la grâce de ton Sacerdoce !
Dieu éclairera ton cœur, ton esprit, ton âme.
Tout ton être reposera dans sa Lumière.

17

AU PROFOND DE L'ABÎME

Mon fils, frère bien-aimé,
Pierre est descendu dans mon tombeau ...
Au profond de l'abîme, Il n'a pas craint de descendre.
Là où le vivant n'a plus sa place, il est allé!
La misère de la mort et ses ténèbres ne l'ont pas arrêté, car il voulait voir, voir la victoire de Dieu accomplie au plus profond de la détresse humaine, jusqu'en la mort même...
Lui, l'apôtre choisi pour être le roc sur lequel s'édifierait l'Eglise, était devenu le familier de la Lumière véritable et il s'était attaché à Elle. Il savait que là où il irait, Elle l'accompagnerait et l'éclairerait ; alors Il est allé d'un pas empressé vers ce tombeau.
Il va comme celui qui, ayant reconnu et confronté le mensonge, désire et espère le triomphe de la Vérité.
Il va comme celui qui, ayant gouté à l'abîme de son péché, espère le triomphe de la rédemption.
Et Pierre va ainsi. Il court et il ne sera pas déçu.

Toi aussi, tu dois aller à la rencontre du cœur de mes enfants qui si souvent, est enfermé dans le tombeau obscur du péché, jusqu'à même devenir ce tombeau obscur. Toi, tu connais la victoire de ton Seigneur, alors le zèle te presse vers le pécheur. Et c'est bien jusqu'en ces profondeurs obscures de l'être qu'il te faut porter ma Lumière et offrir ma Résurrection. Descends, va là où les ténèbres retiennent captive l'âme, brisée par ses crimes et les manques d'amour, ensevelie sous le poids de la culpabilité et du désespoir.
Comme le fit Pierre, n'aie pas peur d'aller dans cette caverne de l'âme car contre toi, les portes de la mort ne prévaudront pas.

Va y chercher l'âme apeurée et tourmentée. Avec toi, l'autorité suprême de la divine miséricorde pénètre l'obscurité de la misère humaine, le Sacerdoce royal déploie sa toute-puissance et fait arriver mon règne.
Ne crains pas car si tu peux descendre si bas, c'est parce que Je te soutiens et la gloire de ma Résurrection t'illumine. Cependant, sois vigilant et ne reste pas captif de la misère des âmes ensevelies dans leurs tombeaux. Tu es envoyé auprès de tes frères et sœurs pour les ramener à la vie et leur dire : « Pourquoi trembles-tu ? Pourquoi pleurer sur toi et te renfermer sur ta peine ? Ne sais-tu pas qu'il a vaincu la mort celui qui t'a créé ?
Regarde dans ce tombeau où tu croyais devoir vivre sous la domination des ténèbres, sans espoir de sortie. Si tu tournes ton regard vers le Christ, cette tombe n'est déjà plus. Déjà pour toi, Il a fait rouler la pierre et, là où il y avait l'obscurité, la lumière rentre à flot. Devant toi se tient ton Seigneur, ton Rédempteur, le Messie de Dieu venu te chercher. Il est ressuscité d'entre les morts pour t'arracher à la mort. Il a fait couler son très précieux Sang sur le péché et la mort, pour cela Il les a vaincues. Il a cloué ta misère sur sa Croix pour la baigner dans son Très Précieux Sang, un Sang gorgé de sa vie divine qu'il désire verser sur toi pour te ramener à la vie.
Pour toi, il a payé le prix de ta libération, Il m'a envoyé auprès de toi comme l'intendant fidèle, pour te dire : Ephata ! Ouvre-toi à la grâce! Lève toi et vis ! Par sa victoirc il t'a racheté.
Dans ce tombeau, il n'y a déjà plus rien que l'éclat de la victoire de Jésus-Christ qui t'appelle. Les linceuls qui te retenaient dans la mort, Il m'a mandaté pour t'en libérer. ».

Voilà, mon aimé, mon prêtre, inlassablement, descends dans le cœur de l'homme, sans crainte, sans peur, sans jugement, mais conduit par le discernement que te donne l'Esprit, pour porter la victoire de ton Seigneur Jésus. Tu es ma Joie !

18

TOUT REMETTRE AU CHRIST

Mon fils, frère bien-aimé,
Ne fais pas de moi le simple spectateur de tes souffrances, de tes péchés et de tes culpabilités. Ne me tiens pas à l'écart, mais permets que Je sois, pour toi aussi, le Libérateur, le Rédempteur et le Sauveur. Prêtre, tu es aussi homme et pécheur… Et ne suis-Je pas aussi venu pour toi ?

Ne me retiens pas loin de toi. Ne me refuse pas tes blessures, tes déséquilibres et tes fautes à cause d'une culpabilité malsaine ou d'un ego perverti. Bien sûr, ne crois rien d'autre que cette vérité où tu te vois pécheur, mais un pécheur sauvé s'il se donne à l'Amour !
Je connais ton péché et ta condition de pécheur ne m'inquiète pas, ce qui m'inquiète serait ton déni de cette vérité, ou bien ta fuite devant elle. Tout ce qui t'empêcherait de venir à moi pour trouver l'espérance du pardon et de la guérison. Tout se qui en toi, ferait obstacle au repentir. Tout ce qui t'empêcherait de courir jusqu'à mon Sacré Cœur et y chercher secours, parce qu'alors cela signifierait que tu aurais perdu en toi ce chemin de l'Amour et de la confiance ; tu ne serais plus capable de conduire mes enfants à ma miséricorde parce que toi-même, tu ne la comprendrais plus.

Donne-moi tes péchés puisque, déjà, Je les connais. Comme tu me glorifies en faisant ainsi ! Je ne peux déployer la plénitude de mon Amour en toi que lorsque ton libre choix me préfère à tout. Si tu me remets dans le sacrement de pénitence tes faiblesses et tes manquements, tes péchés de toutes natures, Je les prendrai et Je t'en libérerai parce que Je t'aime. Tu me glorifieras en te livrant à mon regard et en accueillant mon pardon. Je te vois déjà parfait, tel que Je t'ai désiré, parfait dans ma ressemblance et J'attends ton accord pour rétablir cette ressemblance. Et l'Amour sans tiédeur que J'ai pour toi me presse de t'arracher le voile des ténèbres, qui veut te recouvrir, t'ensevelir dans ton péché et son fruit vénéneux, ta culpabilité. Oui, Je veux te libérer du péché qui te défigure. Pour cela, n'aie pas peur de venir à moi et de t'exposer devant ma Face adorable. Je sais ce qui est de notre union et ce qui en toi est au péché. Et si au premier J'ai donné toute la force de mon amour, à l'autre, J'impose toute la domination de mon autorité suprême. Par le feu saint des sacrements, je veux brûler le bois mort, libérer le cœur captif et sanctifier l'âme. Voilà qu'elle est l'éclatante différence entre l'agir de Dieu et les possibilités de l'action des hommes. Le sacrement me donne la possibilité de faire pénétrer ma Divinité au plus profond de ton humanité, pour t'établir dans l'état de Grâce et t'y maintenir.

Prêtre et homme, applique à toi-même ce que tu proposes à tes frères et sœurs, mais ne te charge pas plus que le joug que Je t'ai confié. Le joug de mon amour t'appartient et celui du péché qui veut t'accabler, Je te le réclame. Il faut me le donner !
Le relèvement de la cité se fait pierre par pierre.
Qu'adviendrait-il si le contremaître perdait sa sagesse et ses forces, perdu dans le tumulte de ses pensées ?
N'en viendrait-il pas à cesser son travail pour le Maître ?

Moi, Je suis le Chemin, La Vérité et La Vie, c'est pourquoi tu peux tout me remettre de toi.
Je vous appelle, mes prêtres, avec une joie immense, à être les premiers témoins de cela !

19

LE DIABLE

Mon fils, frère bien-aimé,
Ne sous-estime pas le diable, satan l'ennemi mortel des âmes !
Il est bien là et s'il y a combat au sein de toute existence, c'est effectivement parce qu'il est là. Son désir est de vous arracher à la Vie en s'introduisant pernicieusement en votre humanité.
Oui, mon aimé ! Le diable n'est pas mort, ni encore lié dans l'enfer et sous sa domination haineuse, se tiennent des légions infernales.

Ce que Je te dis là n'est pas une révélation nouvelle, mais rend témoignage à ma Parole. La Parole que Dieu habite en sa plénitude, où Dieu instruit l'homme en vérité sur lui-même et sur tout ce qui l'entoure.

J'ai ouvert ton intelligence à ma Parole et Je l'ai mise dans ton cœur pour conduire tes pas et ceux des hommes sur la voie de la Vérité, pour te garder vigilant et sage, pour nourrir ta crainte. La crainte du Seigneur qui t'enseigne de toute sa sagesse de t'éloigner du Mal, voilà l'intelligence. Tu le sais, « …toutes mes Paroles sont sincères, pas une qui soit douteuse ou falsifiée ! ». Aussi n'en néglige aucune.
Ma Parole confronte le mensonge et dévoile les agissements du Mal et c'est justement du Mal et des ténèbres dont nous parlons ici. Comme mon Verbe est redoutable sur tes lèvres ! C'est avec ma Parole que Je confondais satan et triomphais des immondes tentations qu'il vomissait devant moi.
Mets tes pas dans les miens et dans le combat de l'âme qu'il te faut livrer, brandis l'épée de vérité, celle que mon Verbe a forgé.

Elle ouvrira devant toi et pour l'âme, le chemin du salut.
N'enlève rien de ma Parole, ne déforme rien sous le prétexte d'une humaine « sagesse », tu perdrais l'usage de la vue et les ténèbres pénètreraient en toi. Si les ténèbres pénètrent en toi, leurs haines brûleront les bénédictions qui t'habitent et ils voudront te recouvrir de leurs aigreurs. Ils voudront détruire l'union sacrée qui nous lie si suavement, si puissamment. Souviens-toi que tu as reçu le sacrement de l'Ordre pour toute éternité, il est en toi comme un jardin fleuri qu'il te faut entretenir, préserver des herbes vénéneuses et des feux infernaux. Des parterres de fleurs aux parfums suaves et variés y poussent, figurant la multitude des dons que Je t'ai offerts. Mais, si tu l'éloignes de ma Gloire, tout se flétrira et sera asséché car si tu t'éloignes de moi, Satan lui viendra auprès de toi.

Mon aimé, comme mon Sacré-Coeur souffre lorsque Je vois certains de mes ministres nier la présence et les agissements du déchu. Moi-même qui suis le Christ Rédempteur, le Messie de Dieu, J'ai confronté le diable afin de révéler la réalité du combat spirituel que votre humanité doit livrer. Je mettais à la lumière votre adversaire. Je vous permettais de reconnaître et comprendre ses manifestations.
Songe à la folie et à la rage qui l'animaient en venant me tenter! Attiré par l'humanité que Je revêtais, il vint et révéla sa haine malicieuse.
Tout ce qu'il t'est nécessaire de savoir du Mal, que ce soit pour le démasquer et le combattre, est dans mon Eglise. Toutes ces connaissances sont tiennes. Ne sous-estime pas cet être spirituel car Il sait toucher la psychologie et l'âme humaine pour aller infester le cœur, la pensée de l'homme et faire remonter son venin jusqu'en votre chair. Tout l'être peut se trouver sous son influence et sa domination.

Toi mon fils, à ma suite, te voilà en première ligne pour arracher l'humanité à cette déchéance, à cette mort et ces tourments éternels. En première ligne parce que ton sacerdoce a fait de toi le porte-étendard de Dieu, le oint de ma Toute-Puissance victorieuse. Tu es levé au milieu des nations car le Christ est au prêtre et le prêtre est au Christ et moi Je suis élevé au-dessus de tout. En toi repose la force et l'éclat de la victoire de ton Seigneur Jésus. Mais les ténèbres n'ont pas accueilli l'éclat de ma Lumière et l'exquise douceur et humilité de mon divin Cœur les font trembler. Ma lumineuse divinité qui repose sur toi, est donc l'obstacle à leurs ténébreux désirs et à leurs manifestations. La prêtrise fait de toi un combattant. C'est pour cela que J'ai remis le sceptre de ma Royauté divine entre tes mains consacrées. Par ton onction sacerdotale tu es revêtu de mon autorité et, qui pourrait ainsi porter l'autorité de ma Toute-Puissance en cette mesure, s'il n'avait reçu une onction particulière pour le faire? Personne, mon aimé. Personne, m'entends-tu mon prêtre ? Mais toi tu l'as reçue ! L'adversaire sait cela, il le voit et il tremble. Fortifie donc ton cœur et tes mains qui brandissent ce Sceptre royal. Mets les gants de l'humilité pour le tenir et habille-toi de l'armure de la charité. Alors, les coups de l'ennemi n'atteindront pas ton cœur, ni ne t'arracheront des mains l'arme précieuse de mon Autorité suprême.

Ton adversaire travaille à briser l'union de nos deux natures. Pour cela, il cherche à tiédir ton coeur, à le distraire pour l'éloigner et le séparer du mien. Il voudra éteindre son embrasement en l'écartant du feu d'Amour qui brûle en mon Sacré-Coeur. Il voudra faire taire ton oraison. Il travaille dans l'ombre, surnoisement, allant jusqu'à affronter son orgueil abominable et accepter de « disparaître » de ta vue pour mieux te tourmenter et te saisir.
Pour préserver ton sacerdoce, remets-le moi chaque jour, redonne-le moi chaque jour, à chaque messe, afin que J'en dispose

et entretienne en toi la pleine puissance de cette grâce unique, que reste grande ouverte la communion entre ton cœur de prêtre et le cœur de Dieu.
Choisis de te livrer en ma divine volonté. A chaque messe, glisse-toi dans la plaie de mon Sacré Cœur. Glisse-toi dans les plaies de la Couronne d'épine. Glisse-toi dans mes saintes plaies et blottis-toi dans l'intimité la plus intense de ma divinité qu'à cet instant, sur l'autel, Je livre entre tes mains.

Se faire oublier des hommes, de l'Eglise est une des stratégies du diable. Si tu ne vois plus ton ennemi, comment pourrais-tu t'en défendre ? Tu finis même par l'oublier, mais lui ne t'oublie pas !
Il sait que sur la Croix, Je l'ai vaincu et toi, c'est la croix de tout homme que tu viens unir à la mienne. Ensemble, nous accompagnons l'existence de chacun jusqu'au Golgotha afin qu'il traverse la mort et s'éveille à la vie éternelle, qu'il communie à ma victoire. C'est ce que le diable ne veut pas. C'est d'ailleurs au moment de cette ultime épreuve qu'il donnera ses derniers efforts.
Tu es mon Simon le Cyrénéen et tu sais l'âpreté de la tâche à laquelle tu es appelé, mais tu connais aussi l'Amour victorieux de ton Seigneur qui marche avec toi. Plus tu chercheras à mettre tes pas dans les miens, à imiter l'Amour que tu as choisi de suivre, à devenir un être d'Amour, plus la charité enflammera ton cœur sacerdotal et plus la haine de l'adversaire fondra devant toi. Mais comme il voudra alors t'affronter car tu lui arracheras beaucoup d'âmes. Ah mon aimé, comme tu l'effrayeras alors !

Je t'appelle à combattre la haine par l'amour, l'égoïsme par la charité et la vanité par la vérité ; c'est ainsi que tu vaincras satan. L'adversaire pliera les genoux devant toi, si tu t'armes de ces vertus et tes ennemis lécheront la poussière, mais par ton combat une multitude sera délivrée et sauvée.
Sois vigilant et que ta bénédiction coule abondamment sur les

cœurs pour les vivifier car un cœur mort est comme une pierre, rien ne l'enflamme. C'est ce que veut le diable pour l'homme… Des cœurs de pierre, des cœurs tombeaux d'âmes.
Je t'ai appelé, Je veille sur toi.
Je t'ai ouvert les yeux, ne les referme pas.

20

L'HUMILITÉ

Ah ! mon aimé,
Quelle merveille que l'humilité du quotidien !
Chaque jour tes tâches se répètent. Chaque jour il te faut t'y soumettre patiemment. Et cette patience chaque jour t'éprouve. Mais par cette répétition qui peut sembler recouvrir ton existence de l'ombre de la monotonie, se lèvent et s'épanouissent en ton coeur, les éblouissantes vertus. Elles sont encore plus belles, plus éclatantes lorsque justement elles émergent de l'humilité du quotidien vécu avec le dévouement de l'Amour.

Dans ce renouvellement de tes tâches qui, parfois te sembleront vouloir t'user, sachez combien l'Amour se déversera abondamment et sera glorifié, combien la vanité et l'orgueil seront renversés de ton cœur et de celui des hommes. Chaque jour, ainsi vécu généreusement dans l'obéissance aux règles de vie de ton sacerdoce, me console des plaies douloureuses de la désobéissance d'une multitude et t'unit toujours plus parfaitement à ma divine volonté. Combien à travers ta docilité, l'humilité déploiera sa grandeur en toi et patiemment polira ton âme en effaçant les tâches qui s'opposent à ta pleine union avec la Lumière, au point de devenir cristalline!
N'oublie pas, mon prêtre bien-aimé, que tu es appelé à être le miroir de l'Amour. Un miroir donné au monde pour que l'homme soit nimbé de ma divine Lumière.

Comme il est important, pour le suivant du Christ d'entrer dans les pensées de son bon Maître et de laisser ces divines pensées l'éclairer jour après jour... Par l'imitation de ma vie, tu découvriras que dans la répétition des tâches du quotidien, même les plus simples ou les plus ordinaires, se déploient les richesses inestimables de la grâce divine.

Toi prêtre, servant de l' Amour, regarde-moi, tout comme moi, J'ai regardé mon divin Père et J'ai dit: « ... le Fils ne peut rien faire de lui-même, Il fait seulement ce qu'Il voit faire par le Père ; ce que fait Celui-ci, le Fils le fait pareillement. Car le Père aime le Fils et Lui montre tout ce qu'Il fait... ». Paroles d'Amour parfaites, serties d'humilité qui te reviennent et doivent se fondre dans tes gestes, dans ton quotidien.

Oh ! comme l'Amour est doux et humble !

Humilité du Maître qui t'est offerte en partage et qui s'élance vers toi pour te conduire.

Humilité de ma divinité qui, sans se lasser de sa tâche répétitive, lave le cœur de son serviteur bien-aimé, éduque son esprit et libére ses mains de toutes entraves. Tout cela, afin que le serviteur puisse saisir pleinement les dons de son Maître pour lui-même et pour les besoins de chacun.

Humilité qui permet de recevoir la puissance du Maître sans qu'elle ne vous fasse renverse.

Eh bien voilà, mon frère, l'humilité que tu glorifies chaque jour en accomplissant tes tâches et dans laquelle Je t'appelle à vivre et demeurer avec grande simplicité. Comme l'humilité aime la simplicité ! Oui, vis ton sacerdoce au quotidien dans cette simplicité, car avec elle, L'Amour a l'audace d'actions libres où la charité peut agir et la charité s'épanouit toujours sous la douceur de l'humilité. Elle ne craint pas la répétitivité des tâches car elle voit en elle la multiplication des effusions de l'Amour.

Mon fils, accepte et aime ta pauvreté qui te fait faire et refaire les mêmes choses car c'est elle qui appelle sur toi le manteau protecteur de l'humilité. Il est tissé pour toi, avec la laine vierge de l'Agneau sans tâche et J'ai voulu qu'il soit ton habit sacerdotal

! Ton trésor n'est pas dans les richesses du monde mais dans le don que Je mets en toi. Le monde s'agite, toi, reste paisible, prie, aime et porte la sainteté au monde car derrière la monotonie de tes tâches se livre la Toute-Puissance de Dieu. Vois les gouttes d'eau qui tombent sur le roc, l'une après l'autre elles le frappent ; comme elles sont petites ! Elles se ressemblent toutes... Parfois une est un peu plus lourde, plus volumineuse ou plus petite.... Mais isolées, elles ne représentent rien et semblent négligeables. On n'y prête peu d'attention ... Elles n'ont pas d'éclat particulier, elles travaillent cachées. Et pourtant, à force de tomber l'une après l'autre, elles creusent le roc le plus dur et finissent par le briser ! Ainsi, chacune de tes journées est semblable à ces gouttes. Prises séparément, elles pourront parfois te sembler pauvres mais, en définitive, elles briseront les tombeaux de pierre où mes enfants sont enfermés.
Vois-tu comme dans l'humilité ma Toute-Puissance peut agir et sauver ?
Fais et refais les mêmes gestes, redis les mêmes paroles, laisse-toi imprégner des saintes Ecritures et ne pense pas : « je dois trouver une voie nouvelle. Une voie plus actuelle car cette répétition des choses est usante et usée ! ». Quelle erreur dangereuse ! Ne laisse pas cette tentation voler les divins trésors qui rendent si précieuses chacune de tes journées, pour les disperser aux quatre vents.

Chaque jour, avec le même élan de joie et de miséricorde, Je t'accompagne. Pour moi chacune de tes journées est unique. Dans chacune de tes journées, de tes gestes sacerdotaux, je mets mon éternité, c'est-à-dire la plénitude de ma Divinité. C'est toujours une joie unique, nouvelle, fraîche pour moi lorsque Je donne ma grâce, lorsque Je relève, lorsque Je pardonne, lorsque Je guéris, uni à toi !... Ou lorsqu'ensemble, nous prions.
L'humilité aime les petites choses du quotidien. Elle se plait à y cacher les grandeurs de Dieu.

Humilité qui se réjouit dans le service.
Humilité si parfaitement comprise par votre Mère Marie, magnifiée et exaltée alors qu'elle proclamait son « Magnificat ».

Oui, cette humilité qui vous arrache au poison de l'orgueil et du mensonge.
Cette humilité vous est donnée comme une armure, mais aussi comme un baume si délicat, qu'il est capable de toucher, de rejoindre n'importe lequel de mes enfants, qu'il soit roi ou mendiant. L'humilité
sait de sa douceur extrême porter le règne de Dieu à l'homme.
Humilité qui a vaincu le diable.
Humilité toute-puissante, devant laquelle les flots s'inclinent et s'ouvrent pour faire traverser le peuple de Dieu.
Humilité que Je verse dans l'âme, comme un parfum précieux et qui embaume tout l'être.
Humilité qui émerveille devant l'action divine.
Humilité qui garde fraîche votre âme sacerdotale !

21

PRÊTRE, AMBASSADEUR DU CHRIST

Mon fils, frère bien-aimé,
J'ai choisi le prêtre pour être l'ambassadeur du Tout-Puissant. Au milieu de ce monde, au cœur des vies humaines, Je l'appelle à être présence vivante du Royaume de Dieu. Tu es le messager et le témoin de ma divinité. Et moi, je suis le même hier, aujourd'hui et éternellement. Par toi, ce monde doit connaître un autre monde, le mien, une autre puissance, la mienne ; aimante et victorieuse, éternelle… infinie ! Ta présence doit être soutien et espérance pour ceux qui cherchent l'Amour, la Vérité, la Justice et la Paix.

N'oublie pas, n'oublie jamais que c'est bien l'Amour à qui tu rends témoignage, que tu portes et que tu annonces, ce même Amour qui t'a créé, donné vie et racheté d'une juste condamnation. Oui, devant l'humanité déchue et souffrante, l'amour infini déborda de mon Sacré-cœur et tu fus oint pour aider et soutenir l'homme, pour l'éclairer et le ramener à Dieu son Père !
Là où tu es, tu dois être comme un autre Christ, passionnément amoureux de l'homme. Et si l'Amour t'a investi de ses pouvoirs, c'est pour satisfaire à tous les besoins de la rédemption humaine par les grands moyens donnés à ton sacerdoce. S'il lui plût de déverser en toi l'intimité de ses désirs, c'est pour que tu lui rendes témoignage en vérité.

Tu es la voix qui appelle et qui dit : « Goûtez et voyez comme est bon le Seigneur » ! Je me donne à toi, à chacun de tes frères prêtres, avec tant d'abondance. Je livre ma vie divine intensément, mais chaque âme sacerdotale est libre de saisir plus ou moins de cette abondance. C'est pourquoi, Je ne me lasse pas de dire à mon prêtre, comme Je l'ai dit à la Samaritaine : « Si tu connaissais le don de Dieu et qui est celui qui te dit : « Donne-moi à boire », c'est toi qui lui aurais demandé et il t'aurait donné de l'eau vive. ». J'appelle chacun à s'abreuver de mon Amour en venant puiser les eaux vives de la grâce, dans le puits de mon Sacré Cœur.

Mes prêtre, mes aimés, ne vous étonnez pas si Je vous ai minutieusement préparés à remplir cette fonction exceptionnelle au milieu de l'humanité. Je vous ai dépouillé des grandeurs de ce monde afin que vous puissiez mieux saisir celles de votre Seigneur.
Vous êtes mes ambassadeurs que l'Esprit-Saint accompagne et escorte. L'Esprit connaît l'homme, sa fragilité et, votre tâche est si grande… C'est pour cela que l'Esprit s'est uni à vous. Il sonde la misère de vos cœurs et la confusion de vos pensées. Sa Présence vous est aussi nécessaire que votre cœur est nécessaire à la vie de votre corps. Interrogez-le tout au long de vos journées.
Soyez vigilants car sa Toute-Puissance aime à s'exercer dans l'humilité et la sincérité du coeur. Toi qui es prêtre, tu sais que l'Esprit est un murmure qui parle au cœur, une lumière qui scintille sans aveugler, mais qui cependant perce les nuits les plus sombres.
Une force qui s'exerce dans la compassion.
Une intelligence qui éclaire sans arrogance.
Une action qui s'accomplit dans la patience et la persévérance, dans la fidélité.
Sans que rien ne te lasse, cherche à rester uni à Lui, attentif à sa conduite, confiant en son action. Humblement appelle-le dans tes tâches quotidiennes.

C'est avec Lui que Je vous envoie, mes prêtres, tenant dans une main la Parole de Vie et dans l'autre le feu rédempteur des

Sacrements. Veillez à n'en lâcher aucun… Ni même à vous en laisser dessaisir ! Voilà pourquoi l'Esprit-Saint est à vos côtés, avec grande puissance, attentif inlassablement à servir, éclairer et soutenir votre marche.
Votre ambassade est celle de la Vie. Pas n'importe quelle vie ! La Vie véritable, celle de Dieu. Alors ne vous troublez pas si vos paroles ne sont pas conformes aux aspirations du monde.
Vos ambitions ne sont pas celles du monde.
Vos actions ne sont pas celles du monde.
Vous êtes les fils du Très-Haut et vous êtes porteurs de sa Parole.
Alors prêtre, tu es ambassadeur de l'Amour vainqueur.
Tu es l'ambassadeur de la Vérité qui est une et sainte et que tu dois preserver de toutes corruptions.
Tu es envoyé dans le monde avec l'Esprit et son épouse fidèle, ma Très Sainte Mère qui marche devant toi. L'Esprit et toi êtes tous deux unis, liés par l'onction sacerdotale.
Va et que ton cœur ne cesse jamais de se réjouir de ce que tu as reçu de ton Père, du Fils et de l'Esprit.

22

LE SACERDOCE

Mon aimé, tu es prêtre.
Avec un amour infini, J'ai posé mon regard sur toi. Je t'ai choisi entre tous, comme J'ai choisi chacun de mes premiers apôtres pour être les princes de l'Eglise, tout comme fut choisi Pierre pour recevoir les clés de l'Eglise.
Je t'ai marqué de l'onction de mon sacerdoce.
Avec une patience toute aimante, Je t'ai instruit comme J'ai instruit tes pères. Je t'ai fait goûter et savourer les beautés de l'Eglise.
J'ai révélé à ton cœur de pasteur, les secrets du mien.

Pour toi, le Ciel s'est ouvert afin que la royauté du sacerdoce descende sur toi et que tu sois orné de dons admirables. J'ai enrichi ton habit sacerdotal de privilèges divins.
J'ai fait de toi, un bâtisseur de l'œuvre du Salut et de la rédemption de l'humanité.
Lorsque, de toute éternité Je t'ai choisi, mon divin Cœur s'embrasa d'une joie profonde.
Je veille sur toi à chaque instant, comme on veille sur son bien précieux. Je vois ton travail et Je marche avec toi pour te soutenir et garder tes forces. Je sais, mon aimé, l'exigence du sacerdoce et Je suis toujours disponible pour t'offrir le repos dont tu as besoin, la sagesse pour éclairer ton discernement.
Mon aimé, l'Esprit a recouvert tout ton être de son onction et Je t'appelle « Fils de Jonas ». Ainsi, J'entends ta voix qui s'élève jusqu'au firmament des cieux, comme un encens précieux, tu parfumes l'Eglise. Le timbre de ta voix répand ma divinité dans le monde. Tes paroles sont une mélopée d'amour qui glorifient mon

Nom. Elles aussi portent la gloire du sacerdoce ; elles font trembler ce monde et l'enfer.
J'ai voulu ton cœur tel un astre flamboyant qui éclaire, instruit et soutient. Ma puissance que tu portes en étole, fait de toi le serviteur zélé des âmes et l'ardent défenseur de la Vérité.
Tu parcours le monde en proclamant « Ecce Agnus Dei ! » afin de réveiller mes enfants du sommeil mortel dont ils sont captifs.
J'ai noué sur tes hanches la ceinture de ma Loi afin qu'Elle soutienne tes pas. Elle est ton héritage, c'est Elle que tu annonces et enseignes avec autorité. C'est ma Toute-Puissance qui escorte ta marche.
Comme Jean le Baptiste tu ramènes les hommes égarés sur mon sein adorable. Comme Je le fis pour lui, Je t'ai dépouillé, libéré pour que ta marche soit légère et que rien ne tiédisse ton zèle. Avec soin, J'ai fait que tu connaisses ta faiblesse afin que ton désir soit toujours de rester tout contre moi, qui suis ton asile de miséricorde et ta forteresse d'Amour. Je t'ai donné tant de dons admirables, J'ai ouvert avec tant de grandeur ton esprit qu'il me fallait te protéger contre l'orgueil et la vanité qui chercheraient à te perdre. Je veille à ce que ton cœur d'apôtre et de pasteur ne puisse pas se perdre dans la contemplation de ce que le Maître lui a remis. Oui, Je t'ai laissé ta pauvreté afin que tu aies compassion de celle de ton frère et de ta sœur et que tu saches l'accueillir tel qu'ils viennent à toi.
Jusqu'où s'étendent les limites de ton apostolat et de tes salutaires actions ?
Où devraient-elles s'arrêter ?
Elles n'ont de frontière que les limites que Je leurs ai données, car ce qui est lié sur terre est lié au Ciel.

Ah ! Mais surtout, vous que mon divin Cœur aime et chérit, ne permettez pas à votre cœur de pasteur de s'endurcir, souvenez-vous toujours que le mien est doux et humble, qu'il ne s'est jamais endurci et s'est offert à la lance pour donner son fruit. Aimez comme Je vous aime avec patience. Ne soyez pas lâches ni tièdes devant l'adversité de ce monde, vous que J'ai élevés à la plus sublime grandeur. Croyez à l'Evangile ! Croyez en votre sacerdoce car il a fait de vous des maîtres pour ordonner les désordres de ce monde. Vous êtes les astres au-dessus des étoiles et votre éclat illumine avec puissance les lieux et les cœurs les plus éloignés. Etendez vos mains et bénissez ! Bénissez afin que la malédiction soit chassée, afin que le règne de Dieu arrive, afin que la grâce triomphe.

Mon prêtre, mon aimé, pose ta main sur ta poitrine. Sens-tu battre ton cœur, ton cœur de chair ? Mais sache que derrière ses battements, palpite le mien.

J'ai réalisé en toi un prodige de ma grâce, J'ai mis en ton cœur mon Cœur. Non pas juste celui de chair, mais mon divin Cœur. J'ai fait de toi le cœur de l'Eglise ; entre toi et moi, J'ai voulu une circulation ininterrompue, par nous la vie se diffuse et rayonne dans tous les membres du corps. De quelle chaleureuse vigueur tu réchauffes ses membres.

Oh oui mon prêtre, que les battements de ton cœur soient pleins, égaux, continus !

Oui, sois entier, sois en pure vérité dans tous tes actes, plein de moi en tout ton service. Appuie-toi sur Dieu et malgré ta faiblesse et les vicissitudes de la vie, tu ne seras pas ébranlé.

Dieu est en toi.

Voilà quel est le prêtre.

23

LA VOIX DANS LE DÉSERT

Mon fils, frère bien-aimé.
Tu es la Voix qui crie dans le désert…
La voix qui s'élève pour annoncer mon amour à un monde arraché à l'Amour. Un monde qui ne comprend plus l'Amour.
La voix qui témoigne de la Lumière à un monde plongé dans les ténèbres, des ténèbres qui aveuglent l'homme.

Le monde est devenu un désert obscur. Le cœur de l'homme est devenu un désert obscur. Alors, lorsque la Lumière véritable vient à ses yeux, ne t'étonne pas de voir combien il lui est difficile de s'ouvrir à son éclat. Et lorsque l'Amour vient murmurer à l'oreille du cœur de l'homme toute sa tendresse et son ardeur, il prend peur.
Lorsque dans ce désert où la mort et le péché semblent avoir tout figer, ma Parole palpitante de vie, vient à ses oreilles, il ne l'entend pas, il ne la comprend pas et il fuit parce qu'il est gêné, apeuré. Je lui suis devenu étranger. La Vie véritable lui est devenue étrangère. Mais Je n'ai pas voulu qu'il demeure ainsi, sans horizon, sans secours et je t'ai placé à ses côtés comme on met au côté du malade le médecin et le remède.
Le péché a précipité l'homme dans cet état.
Toi qui es prêtre, l'onction du Dieu repose sur toi, ma vie repose en toi. Je t'ai appelé, Je suis venu demeurer en toi afin de t'inviter à venir demeurer en moi. Qu'en toi, soit déployé mon amour et que puissent se révéler les désirs de mon divin Coeur. Je t'ai mis à l'écart du monde, sans t'en enlever car tu dois agir dans le monde. J'ai voulu que l'onction qui nous unit porte son fruit en toi, qu'elle pétrisse tes pensées, embrase ta foi, t'enseigne le langage de mon

Sacré Cœur et que tu puisses me rendre un témoignage véridique. Baigné de ma Lumière, Je t'ai élevé au milieu des hommes afin qu'en te voyant, toi qui est leur frère, ils ne soient plus apeurés par la clarté de ma divinité. Plus tu seras familier de ma présence, plus il te semblera que ce monde où tu vis est un désert, une terre d'épreuves et tu sentiras en toi ce besoin presque douloureux, tant il est insistant, de me rendre témoignage. De crier ma présence dans ce désert qui bûle les coeurs de mes bien-aimés. Tu voudras, tout en toi voudra, déverser ma Vie afin de voir refleurir les terres desséchées. Alors, oui, souvent, mon aimé, il te semblera être la voix qui crie dans ce désert !

Malgré le tumulte et l'agitation du monde qui t'entoure, il t'arrivera de te sentir seul. Seul au milieu de l'indifférence aveugle des hommes. Seul parce que l'Esprit a ouvert le regard de ton cœur, de ton âme et que tu te tiens au milieu d'une humanité qui n'a pas encore recouvré la vue ; qui ne voit pas ce que tu vois, qui n'entend pas ce que tu entends. Mais c'est justement cette différence qui doit interpeller l'homme et le réveiller. Et puis, le berger n'est-il pas seul à la tête de son troupeau ?

Autour de toi mes enfants s'affairent à leurs occupations, avec un cœur trop souvent désolé, desséché, car ma présence en fut arrachée. Ils sont si seuls ! Et toi, tu es au milieu de leur désert, gorgé de ma présence, ruisselant de bénédictions et de grâces.
Ne te décourage pas et simplement proclame ma Parole car qui t'écoute m'écoute… Jamais la Parole de Dieu n'a été annoncée sans aller rejoindre au moins un cœur.
Elle part de tes lèvres qui ont reçu le baiser de l'Epoux et, telle la flèche embrasée, s'élance dans le monde et cherche à pénétrer les cœurs.

Alors oui, prêtre de Jésus, va dans ce désert proclamer ma Parole, porter le Verbe de Dieu au milieu des hommes ! Oui, annonce le Verbe de Vie et que sa résonance frappe le silence de la mort. Ma Parole vivifie celui qui La reçoit et L'écoute. Tout comme autour du verbe s'édifie et se structure la phrase, pour lui donner son sens, autour de toi la vie humaine se structure et s'édifie pour retrouver la clarté de son but. Cette renaissance qui vient ranimer mes enfants, étanche ma soif.
Oui, c'est ainsi que tu étanches ma soif du salut des âmes.

Je voudrais que tu saches que ta vie sacerdotale fertilise la terre, toute la terre. Ta présence sacerdotale rayonne dans toute la Création, au-delà même du lieu où tu demeures et cela, à chaque instant. Que tu dormes ou que tu sois éveillé, tu es prêtre.
Saches que tu es pour ce monde comme un soleil qui vivifie. Ton sacerdoce éclaire toute la Terre. Ton sacerdoce fertilise la Terre, fait germer le bon grain déposé dans le cœur de tout homme. Tes rayons réconfortants pénètrent au-delà de la surface et vont même ranimer la vie, là où le péché l'avait enfouie.
Alors va !

24

LE PAIN DE VIE

« ... Seigneur, ils n'ont rien à manger ! ..... »
« … Renvoie cette foule pour qu'elle trouve dans les villages sa nourriture … »
« ... Comment nourrir cette foule avec nos pauvres ressources … »

Mon fils, frère bien-aimé,
Tu te demandes comment nourrir et rassasier mon peuple affamé ! La foule est immense devant toi. Comment porter à mes enfants que tant de faims meurtrissent, une nourriture qui satisfera leurs besoins et guérira les brûlures de leurs cœurs ? Une nourriture qui fortifie, qui donne et maintient la vie vériatble car seul le vivant peut recevoir l'Amour. Et l'Amour seul sait nourrir toutes les faims et étancher toutes les soifs.

Ouvre tes mains mon aimé. Que contiennent-elles?
Ne crains pas de te dévoiler devant moi.
Montre-moi ce que tu as, comme mes apôtres le firent ce jour où Je multipliais le pain pour une foule immense !

Je te vois parfois trembler en ragardant tes mains parce que tu penses qu'elles contiennent bien peu, du moins aux yeux du monde … Ce monde aveugle et sourd qui ne sait pas la Sagesse de Dieu, rejette sa Toute-Puissance et pourtant, c'est lui qui voudrait te guider, te conseiller.
Regardons ensemble quelles sont tes ressources. Quelques leçons apprises, mon Evangile, la Foi, l'Espérance, la Charité et pour couronner tout cela l'onction sacerdotale que tu as reçue. Effectivement, selon l'esprit de ce monde c'est bien peu pour nourrir

une foule immense, pour nourrir l'humanité, mais ce monde est insensé parce qu'il n'accepte que ce qu'il voit et peut saisir… Il ne sait pas qui te comble de ses richesses et d'où te vient la puissance qui agit en toi et à travers toi. Alors, moi Je te dis mon aimé, ne tremble pas et montre-moi ce que tu as en mains.

J'y vois aussi les miettes de ta bonne volonté, si fécondes lorsqu'elles sont humblement déposées en mon Sacré Cœur. Comme ces miettes sont précieuses et pourtant insignifiantes pour celui qui n'espère pas en Dieu.

Mais moi, Je te dis, ne t'inquiète pas de tes faibles ressources face à la quantité des besoins ! Je peux tout accomplir dans un cœur confiant et dilaté dans l'Amour ! Je veux t'encourager à rejeter les artifices et les séductions du monde et ne pas craindre ta pauvreté ! Ce monde ironise et se moque de ton indigence et pourtant il est jaloux de ce que tu as en mains et il voudrait t'en dessaisir. Il se fera aimable et compatissant pour te conseiller et t'aider à être plus « efficace » et moins pauvre pour être plus « utile ». Il voudra que tu multiplies tes engagements, pour répondre aux innombrables besoins ; que tu sois plus « actif », tes actions plus « lucratives » pour mieux satisfaire aux si nombreuses nécessités. Mais tout cela est fait pour t'arracher à la prière, à l'oraison et être moins uni à moi.

Mais moi, Je te dis : « Pas d'action sans union et, pas d'union sans prière ! ».

L'esprit du monde voudra que tu lâches tes cinq pains d'orge et tes deux poissons et que tu prennes ses nourritures, dont les bienfaits sont des leurres. Ces nourritures sont poussière et retourneront à la poussière.

Mais toi, tu as en mains les sept sacrements qui se multitplient autant qu'il y a d'hommes affamés à restaurer. Ne les lache pas ! Je les donne gratuitement car l'Amour n'attend que l'amour,

l'Amour se nourrit d'amour.
Lorsque tu es dans le besoin, ne te trouble pas, mais en toute nécessité, tourne-toi vers moi et laisse monter jusqu'à moi ta prière: « Seigneur! Ils n'ont plus de pain »... Et souviens-toi qu'en tout premier lieu, tu dois préserver l'intégrité de notre union car c'est par elle que se donne l'abondance de la manne.

Moi aussi, en voyant l'humanité, J'ai fait monter cette prière vers mon Père.
J'ai dit: « Ils n'ont plus de pain! Laisse-moi venir au milieu d'eux. Je serai leur Pain de vie ! ».
Dieu votre Père a regardé ce monde et m'a donné au monde afin que ses enfants soient nourris et sauvés. Ainsi, tu es envoyé à ma suite pour nourrir et sauver les hommes. Oui, mes enfants sont affamés et Je sais que bien souvent, il te semble avoir trop peu entre les mains pour répondre à leurs besoins.... Trop peu que tu puisses voir et compter ! ...
Mais garde ces petites miettes précieusement car moi, Je les multiplierai et elles nourriront une multitude. Sache que par tes actes de confiance et d'abandon, ma divine grâce se déverse si généreusement qu'elle déborde des limites du nécessaire.
Plus tu viendras à moi en préservant ta pauvreté d'homme, plus Je ferai manifester ma Gloire au milieu de toi.

Mon frère, Je t'invite encore à ne pas te laisser effrayer par les difficultés et les combats. La tâche est grande et la tentation est perfide. Renvoyer dans ce monde mes enfants affamés, pourrait sembler plus facile ou plus raisonnable mais ce serait les affamer, les condamner à des souffrances plus grandes encore, celles qui conduisent à la mort.

Si tu es pris de vertige devant l'impossibilité apparente de la mission à accomplir, ne tremble pas, ressaisis-toi et rassure-toi car

Je suis avec toi chaque instant de ta vie et Je suis à l'œuvre à chaque instant. Mon temps n'est pas ton temps.
Au milieu de toi, Je suis.
Regarde ! Ma divine Parole s'est répandue dans le monde entier. Crois-tu que cela soit le fait du « petit » nombre de mes envoyés au milieu des hommes ?
Ils ne furent que les cinq pains d'orge et les deux poissons. Mais moi J'ai multiplié la grâce à travers leur disponibilité. C'est lorsque tu restes uni à moi qu'à travers toi, s'accomplissent mes œuvres de salut pour une multitude.
N'attends pas d'avoir plus entre tes mains pour venir me prier d'agir.
C'est lorsque ta pauvreté est évidente et même déconcertante aux yeux du monde que J'aime à faire venir mon Règne de miséricorde sans limite.

Souviens-toi, c'est dans mon Sacré Cœur que règne l'humilité qui te fait fructifier.

25

CONSACRÉ PAR L' ONCTION

Genèse 28: 18-19

« (...) Jacob se leva de bon matin. Il prit la pierre qui lui avait servi d'oreiller, il la dressa et versa de l'huile sur son sommet. Puis il donna à ce lieu le nom de Béthel (c'est-à-dire maison de Dieu), car auparavant le nom de la ville était Louz. »

Mon fils, frère bien aimé.
Toi mon prêtre, J'ai pris ton cœur de pierre et Je l'ai dressé au milieu de l'humanité. De toute éternité, Je t'ai choisi puis, J'ai versé sur toi l'onction d'huile. Je t'ai consacré.
Tu es devenu la Maison du Très-Haut.
Ta vocation est d'être dressé au cœur du monde.
Ta vocation est d'être dressé au milieu de ta paroisse afin que sur toi, se lèvent et s'édifient le Corps du Christ, l'union des fidèles, la Maison de Dieu.
Le sacerdoce nous unit, ton sacerdoce unit les hommes à Dieu.

Tu as reçu l'onction sainte, L'Esprit t'a consacré.
Cette onction est signe de vie et d'abondance des bénédictions. Par elle Je te recouvre de ma divinité, comme on recouvre du plus chaleureux des manteaux, la fragile pauvreté de la nudité. Par elle, tu es uni à moi et moi à toi. Cette sainte huile qui t'a oint, fut donnée après que le pressoir de ce monde ait broyé ma chair, épouse de ma divinité. L'olivier, l'arbre de la Paix, a livré son fruit et a donné son suc. Oui, le don du sacerdoce est don d'Amour et de Paix. Je suis venu pour vous donner ma Paix, vous laisser ma Paix et c'est avec elle que Je t'ai oint. Je suis venu accomplir la

réconciliation entre Dieu et l'homme et mettre ma Paix dans le cœur de l'homme.
Après que la pierre eût reçu l'onction, rien ne fut plus comme avant. Ainsi en est-il pour ton cœur une fois qu'il a reçu l'onction. Ainsi en est-il aussi pour la communauté humaine qui accueille en son sein, le prêtre de Dieu.
Comme Jacob, ne t'inquiète pas de la grandeur de ta tâche, ni de la particularité de ton appel mais réfugie-toi toujours, avec confiance, dans la Toute-Puissance de Dieu qui t'a choisi et t'a oint. Par toi, il aime à se révéler et à se donner en partage. Ton Père a créé toutes les âmes et toi, par ton onction sacerdotale, tu deviens père d'une multitude.
Réjouis-toi!
Oui, comme tu es redoutable !
Oui, comme tu es réellement la Maison de Dieu !
Oui, comme tu ouvres les Portes du Ciel !
Si ta chair se voit humiliée par le péché et la tentation, si la misère de ce monde te jette ses souillures et t'écœure de son fiel, souviens-toi de l'onction que tu as reçue et prends courage ! Si tu sens ton humanité faiblir et se corrompre, souviens-toi de qui tu es revêtu et qui marche avec toi car tu es le choisi du Dieu fidèle. Médite sur le don de ton sacerdoce et plonge en sa profondeur, c'est lui qui te saisira alors et fera émerger en toi ses précieuses vertus.
Si le monde veut te renverser, te faire tomber charnellement et spirituellement, remets-moi ta faiblesse. Viens vite te réfugier sous le manteau de ta consécration, là dans le secret de notre union, sous l'alcôve des sacrements qui guérissent et libèrent, donne-moi tes tentations, tes chutes car Je suis avec toi, Je me suis uni à toi pour soutenir la pureté et l'intégrité de ta vocation. Je t'ai appelé et consacré, Je ne t'abandonnerai pas.
L'onction sacerdotale est telle l'huile sainte qui recouvre et embaume ton humanité. Elle l'a ointe et la parfume des divines

saveurs qu'elle contient. L'Esprit répand ces saveurs en tout ton être et t'en voilà enrichi.
J'ai collé mon oreille à tes lèvres afin d'entendre et de saisir ta prière.
J'ai mis mon divin Cœur contre le tien afin de soutenir ta charité qui est la frayeur du péché ... Et J'ai laissé mon Précieux Sang couler jusqu'à toi, te remplir et déborder de tes mains, pour te baigner, te laver et laver de leurs fautes, la multitude de mes enfants, afin qu'ils soient relevés de leur condamnation.
J'ai placé au creux de tes mains consacrées, les sept flammes des saints sacrements. Elles sont animées d'un zèle joyeux pour porter le divin remède au pécheur.
J'ai confié à tes mains consacrées ma chair devenue le Pain de Vie.
J'ai mis dans ta bouche ma Parole afin que tu proclames la Vérité et qu'en t'entendant, l'homme désire être, lui aussi l'invité au festin de son Seigneur.
La vocation de tout homme est de rejoindre le Royaume de Dieu. Tu es le passeur de ce monde.

26

AU SERVICE DES ÂMES

Mon fils, frère bien aimé.
Je t'ai appelé. En toi, l'Esprit t'a fait reconnaître mon Appel.
L'éclairant à travers les circonstances de ta vie, l'Esprit l'a rendu lumineux, comme une évidence. L'Appel est paru au milieu de toi comme un jour qui se lève ; sa clarté a grandi jusqu'à son zénith et a fini par illuminer tout l'être.
Te voilà maintenant prêtre.
Ton cœur sacerdotal est né de mon divin Cœur, celui-là même qui a tant aimé les hommes ; celui-là même qui s'embrasa d'un si grand zèle pour servir l'homme qu'il choisit pour sa tenue de service, de revêtir la charnelle incarnation. Oui, car l'Amour aime à servir l'aimé. L'Amour se révèle par l'exercice de l'Amour. Avec quelle joie Je tissais ce vêtement, ce vêtement sacerdotal, blotti dans le sein virginal de ma Mère.
J'ai voulu que ta vocation soit toujours pour toi et pour les hommes une œuvre d'Amour car l'Amour qui est Vérité fait l'unité. C'est pourquoi, J'ai donné à ton cœur sacerdotal un embrasement singulier qui est don de mon Sacré Coeur, afin que, placé au centre de l'Église, il contribue à le faire resplendir à la vue de toutes les nations. L'Eglise est ta demeure. Par ton humanité, tu portes en toi l'histoire de son édification, tu en es une des pierres vivantes et par ta prêtrise, tu la plonges dans mon divin Cœur afin que sa sainteté soit préservée en ma divinité.
Tu mets le pardon, la grâce et la réconciliation, là où le péché avait blessé, divisé et mis sa domination.
En accomplissant tes fonctions sacrées, tu peux faire circuler mon Amour divin en l'Eglise, en chacun de ses membres et en toute l'humanité. Tu es revêtu du Christ pour donner Dieu à l'homme,

à tout homme, car je suis le Chemin, la Vérité et la Vie. C'est pourquoi, tu dois enseigner la Vérité telle que Je te l'ai enseignée. Oui, tu me portes à mes enfants bien-aimés, quelles que soient leurs situations, leurs cultures, leurs histoires.

Mon aimé, mon prêtre, pour satisfaire l'amour de prédilection que J'ai pour toi, Je t'ai comblé de mes bontés et c'est ainsi qu'en te voyant vivre, l'homme se sentira attiré et même élevé en ma divinité car celui qui vous reçoit me reçoit, et celui qui me reçoit, reçoit Celui qui m'a envoyé.
Je t'ai appelé à ma suite, certes au sein de l'Église, mais aussi pour être au-delà de l'Église, le témoin vivant de l'Amour inconditionnel que J'ai pour tous et chacun ! Mais souviens-toi bien, que la Vérité est la seule terre où pourra mûrir le bon grain de l'Amour. C'est la découverte et l'accueil de cet Amour inconditionnel qui peut opérer une restauration de la personne après les ravages du péché... Il faut tout reconstruire dans mon Amour, tout réordonner à la lumière de la vérité ; les relations fraternelles, amoureuses, ordonner le matériel, tout ce qui fait la vie de l'homme et qui était devenu chaotique et douloureux. Alors tu entendras l'homme dire : « Comment rendrai-je au Seigneur tant d'attentions pour moi ? ».
Je veux que tu saches, mon prêtre, mon aimé, que véritablement tu sauves de la mort car Je t'ai appelé à être le suivant du Christ. Ma joie est de te tenir tout contre moi.

Le prêtre, serviteur de Dieu, « n'exige » pas nécessairement « la » conversion immédiate autour de lui. Il cherche d'abord à servir son frère selon la Loi d'Amour que Je lui ai enseignée. Il explique, témoigne et porte jusqu'à lui la lumière véritable pour le réveiller et dissiper les ténèbres qui l'entourent afin que ses yeux puissent s'ouvrir et son intelligence s'éclairer. Il veut être pour son prochain, un autre Christ, le roc de la Vérité sur lequel peut s'édifier

une vie qui conduit au salut, le témoignage de l'Amour héroïque, les réponses à ses questionnements. Il doit être fidélité comme le Christ est fidéle. Il doit être fidèle comme l'amour de Dieu est fidèle. Il est le sanctificateur à travers la célébratoin des sacrements.
Il laisse couler de son cœur sacerdotal, le baume réconfortant de ma Paix, même si pour cela, son cœur a été blessé comme le mien. Il sait que l'urgence, dans l'histoire de tout homme, est de lui redonner la confiance en l'Amour vrai, l'Amour qui ne trahit pas et à qui l'on peut se livrer pleinement. Cette confiance unique et si précieuse née dans le coeur lorsqu'on fait l'expérience de se savoir attendu, accueilli et aimé. Oui, car tous les deux, moi et mon prêtre, nous attendons avec avidité chaque âme. De toute éternité J'attends chacun de mes enfants bien-aimés, ils sont nos joies mon aimé ! Nos joies !
Uni à l'Esprit-Saint, Observe chacun, alors tu auras le diagnostic de son mal. Avec application et patience, panse les blessures en appliquant les divins remèdes que J'ai remis entre tes mains. Dissipe les ténèbres des pensées en annonçant ma Révélation qui est lumineuse miséricorde pour le pécheur. Oh mon prêtre, prends le temps de regarder ton prochain, celui pour qui J'ai livré ma vie, avec un regard qui ne condamne pas, mais qui discerne. L'homme n'a pas besoin de condamnation, pour cela, il a la haine du diable, l'homme a besoin d'être sauvé et restauré dans la vérité. Si ton œil sait discerner le vrai du faux cependant, que ton cœur soit embrasé de miséricorde. Cette miséricorde qui donne à la vérité la douceur du miel et au mensonge, le feu purificateur. Si tu es doux, sois aussi ferme, car la fermeté protège la douceur de la corruption. Apaise l'âme inquiète, blessée, pour qu'elle accepte la Vérité car l'Amour grandit dans la vérité. C'est lorsqu'on les accueille toutes deux que la conversion s'accomplit.

Certains de mes enfants trop blessés, auront bien du mal à accueillir le don de la foi mais Je désire cependant que par toi, auprès de toi, ils puissent, du moins un peu, goûter aux fruits de mon Amour et y trouver un premier réconfort. Ainsi, auront-ils reçu un peu de ma Paix et de ma suavité réconfortante. Ils s'en souviendront.
Ta vocation se déploie donc par-delà les frontières de l'Eglise qui est le cœur de l'humanité. Elle est pour tout homme, même si tout homme ne vient pas à Elle ! Il faut porter l'Eglise à l'homme. Mon prêtre, toi dont le cœur est appelé à être le parfait reflet de ma divinité, Je t'envoie pour guérir le cœur de l'homme afin que l'homme puisse de nouveau écouter son cœur ! Car moi, Je parle au cœur de l'homme. Il est le cloître où nos intimités se rencontrent et se lient l'une à l'autre. C'est pourquoi mon aimé, mon choisi, va et proclame l'Evangile car il guérit les cœurs ! Laisse-le s'incarner en toi, de sorte que ce ne soit plus toi qui vive, mais que ce soit l'Evangile qui vive en toi. Que les hommes te voient différent, plus fort, plus sage, plus pur, détaché, élevé par les saintes vertus qui t'animent, car l'âme les reconnaît lorsqu'elle les rencontre. C'est ainsi que l'homme pécheur se convertira à l'Amour. C'est ainsi que tu montreras le chemin qui mène au Ciel.

Mon aimé, n'oublie jamais que sous le manteau du sacerdoce, le manteau de ma divinité dont Je t'ai recouvert, se trouve ton humanité. C'est pourquoi, tu t'empresseras de plonger chaque jour dans les fleuves d'amour de mon divin Cœur, sa fragilité et sa faiblesse. C'est ainsi que tu n'oublieras pas que nul homme est exempté de ce salut que Je suis venu porter. Car en toi aussi, il faut continuer à transformer ton cœur de pierre en cœur de chair, à l'image du mien, doux et humble.

Mon prêtre, mon désir est que tu sois le soleil des âmes.
Que tu réchauffes, fertilises, assainisses les pensées, que tu

réjouisses en chassant les ténèbres.

Ton « oui » sacerdotal est comparable à la goutte d'eau qui plonge dans le calice où J'ai versé mon Précieux Sang ! Et comme cette goutte étanche ma soif ! On ne peut contraindre à aimer, c'est pourquoi ton engagement, tous tes engagements doivent être des actes libres. La goutte qui se livre librement dans le calice.... Elle y met toute sa saveur. J'aime le goût de ton engagement. Je désire ta présence en moi. Je désire accueillir ton cœur sacerdotal et le sentir rayonner en moi, avec moi. Aie confiance en moi ! Une ou quelques gouttes suffisent pour hydrater les âmes.

27

RENDEZ DROIT SES SENTIERS

Luc 3 – 4 : « Préparez le chemin du Seigneur, rendez droits ses sentiers »

Fils, frère bien-aimé,
C'est à toi qu'il revient tout particulièrement, de préparer le chemin de ton Seigneur. A toi la joie de voir s'acheminer la puissance de ma miséricorde jusqu'au cœur de l'homme.
Par la faute du péché, l'homme est devenu comme un jardin en friche, une terre aride et sèche. Les mauvaises herbes se sont mêlées aux bonnes essences et l'audacieuse virulence des premières, tente sans cesse de les étouffer. C'est dans cette friche où le vénéneux côtoie le bon que Je t'envoie, revêtu du sacrement ministériel.
Cette terre que J'avais créée luxuriante, cherche aujourd'hui l'eau vive et fraîche qui l'irriguera. La sécheresse tiraille son cœur alors que Je vois qu'en elle, subsiste encore le doux souvenir de sa fertilité.
Et moi Je te dis mon aimé : « Allons visiter ma terre ! ».
Tu es le jardinier des âmes.
J'ai mis entre tes mains les bons outils afin que tu puisses ouvrir, au milieu des herbes folles, des épines vénéneuses, un chemin pour ma Venue. Arrache les mauvaises plantes, irrigue la terre et protège les fleurs divines ! Coupe les ronces qui se sont développées dans l'homme jusqu'à rendre sinueux, sombre et même parfois impraticable le chemin qui me réunira à l'âme, ma bien-aimée.

Vois-tu, J'ai donné à l'âme sacerdotale l'onction sacramentelle qui lui permet de visiter l'intimité de mes terres, de mes âmes. Il en est véritablement le jardinier. Ensemble, nous allons au plus profond de l'être. Par son ministère, le regard du prêtre peut aller au-delà du regard de sa chair car il est éclairé par ma lumière même, celle de l'Esprit qui sonde toutes choses et connaît toutes pensées.

Toutes les offenses, les colères, les rancunes, les vanités, les tyrannies de l'égoïsme, sont autant de ces ronces qui recouvrent mes terres et peuvent même être si denses que le souffle de vie de l'Esprit ne parvient plus à les parcourir. C'est alors en elle, l'immobilité mortelle et l'étouffement qui, avant la mort, endort dans une profonde léthargie tout l'être.
Alors toi mon prêtre, ministre du Très-haut, tu as entre tes mains les sacrements pour ouvrir cette friche et rendre droit le chemin de ton Seigneur qui accourt et bondit vers son aimée. Tu as ma Parole qui est un feu de vérité pour brûler tout ce qui n'est pas Vérité. Ma Parole est Lumière flamboyante et vivifiante.
Ton sacredoce démasque les artifices des ténèbres et leurs fruits vénéneux sèchent et brûlent sous son éclat. Les vertus que l'Esprit a déposées en toi sont grandes et si tu les exerces avec amour et charité, elles déploieront dans les coeurs un souffle puissant qui réveillera et ranimera la vie. La mort ne supporte pas cette vie et elle s'enfuira de cette âme, de cette demeure qu'elle m'avait ravie.

Alors vois-tu, il ne te manque rien pour préparer le chemin du Seigneur et rendre droits ses sentiers !
Oui, tu es le gérant de mon domaine et tu travailles à ma terre.
Sache également que toi, le soleil de ce monde, tu purifies, assainis et fertilises la vie que J'ai ensemencée.

28

LAISSE MOI PASSER DEVANT TOI

Mon fils, frère bien-aimé, Je t'interroge : Qui es-tu pour le monde ? Es-tu le Sauveur du monde?
Ou bien es-tu celui qui annonce au monde que sa rédemption et son salut sont venus par le Christ?
Ces deux visions sont très différentes et ouvrent deux chemins opposés.
Si tu veux sauver l'homme par toi-même, tu n'arriveras à rien car Dieu seul sauve… Lui seul donne la Vie et ressucite de la mort ! Mais, si tu acceptes d'être uni à Dieu, alors avec Lui, tu sauveras l'homme. Réjouis-toi donc, puisque par l'onction sacerdotale que tu as reçue, Lui s'est uni à toi! C'est en ma divinité qu'il te faut t'immerger chaque jour et à tout instant afin qu'en moi cette union s'épanouisse et se fortifie. Comme ces plongeons en mon intimité te procureront de grands bienfaits car ils te seront donnés dans les eaux de la sainteté, parfumées de ma douceur et de mon humilité. C'est lorsque tu me confies ton sacerdoce, lorsque tu me le remets, comme le serviteur fidèle remet son travail à son bon Maître, qu'il devient plus parfait et donc plus agissant car Je t'aurais nettoyé et libéré des entraves du péché qui te lient. Oui mon aimé, plonge-toi en mon Sacré-Coeur, dans la piscine de Siloé où tu es visité et guéri de tes infirmités.
Je t'ai consacré par l'onction, tu peux maintenant conduire l'homme à son salut.

Si tu observes le monde qui t'entoure, tu verras la pauvreté, la cruauté, l'injustice, la misère et tant de souffrances.
Tu seras confronté aux deuils, aux vies brisées et aux familles désunies. Tu goûteras au fiel de la corruption, à la trahison et à la

calomnie… La lâcheté, le déni, qui accablent l'homme jusqu'au plus intime de son âme. Tu verras des terres fertiles et d'autres qui ne donnent rien. Tu souffriras, ton cœur sera meurtri … Mais devant cette éprouvante vue de l'humanité, sache que Je suis avec toi. Ne me lâche pas, Je te conduits. Tu comprendras que, sans moi, tes efforts ne pourront rien changer ou si peu… Ou bien n'apporteront qu'un «mieux-être» qu'une prochaine tempête chassera et brisera sans peine.
Les vives émotions que tu rencontreras dans ta vie de prêtre et de pasteur attiseront en toi la tentation de réagir vite, en risquant de passer devant moi, devant l'Esprit, de désunir ton action de la prière et tes décisions de ta foi. Oui, tu seras tenté! Tenté d'agir comme le monde agit, sans te mettre à mon écoute, à l'écoute de ma sagesse qui n'est pas celle du monde; tout comme mes pensées ne sont pas ses pensées. En faisant ainsi, tu mettrais en danger ton sacerdoce parce que tu aurais fait passer tes émotions personnelles devant la foi que tu as reçue. Oh bien sûr, il te faut être un familier de ma Présence pour pouvoir discerner et accueillir avec confiance, mes réponses à tes attentes. Car voilà, mon langage est le langage de l'Amour et il s'apprend dans mon imitation. Il n'est pas celui du monde, qui s'écrit avec le profit égoïste, l'orgueil et la vanité. Si l'oreille de ton coeur se fermait à la voix de l'Amour, c'est alors que tu n'entendrais plus mes réponses. La voix de l'Amour, c'est elle qui guide l'âme à son salut éternel et non à sa seule vie ici-bas, où tout passe et meurt. Prêtre, ton Royaume n'est pas de ce monde et le gouvernement, dont tu es le ministre, n'est pas compatible avec celui des hommes corrompus. En marchant à ma suite mon aimé, jette la tiédeur humaine dans le feu de l'Amour divin qui n'a fait aucun compromis pour racheter et sauver l'homme.
L'Amour de ton Seigneur est la sève qui te vivifie. Elle coule de mon Sacré Cœur jusqu'en toi. Le péché et sa perversion voudraient caroter ton être afin de te priver de ma Vie. Ne te laisse

pas faire. Ne te laisse pas distraire de mon Sacré-Coeur car alors tu serais comme un arbre sans sève parce que ton coeur sacerdotal n'y plongerait plus ses racines. La confusion s'installerait en toi. Ton insécurité spirituelle grandirait car tu aurais construit ta propre « foi » avec les misérables brindilles de « la sagesse » du monde. Et lorsque le doute viendra couronner tes déceptions, alors s'infiltrera dans ton esprit cette sorte de confusion qui te poussera à chercher par toi-même, par ta seule humanité, dans une sorte d'urgence désespérée, les moyens de sauver les hommes. Triste, déçu, tu penserais alors: « Je marche avec le Christ, mon Seigneur, qui m'a consacré, qui a entendu les plaintes et les cris de son peuple, qui n'a pas fermé son coeur à ces appels, mais où est-Ill?». Et de tes pensées, de tes conseils il ne sortira pas de vie. La déception viendra violemment frapper ton coeur. Tu seras impuissant pour accompagner le souffrant parce que tu te seras coupé de la consolation éternelle que Je suis. Ton cœur sera alors pénétré par la peur parce qu'habité par la déception.
Mais moi, je te le dis en vérité, la foi que Je verse en toi est don de Dieu. La foi met en toi la présence divine pour le bien de tous. Tout comme la farine unie à l'eau fait le bon pain. La sagesse vient en aide à l'homme et l'Esprit-Saint t'apporte son tout-puissant secours et sa paix. Il est le sel qui rend le pain savoureux; tu devient savoureux de Dieu.

Ainsi, mon cher fils, remets-moi tout.

Ne lâche jamais la corde du salut qu'est la prière, ni la torche de l'Adoration eucharistique car sa clarté ne s'éteint pas et elle sera toujours pour toi la lumière véritable qui guidera tes pas. Elle éclaire ta foi pour que tes actions portent de bons fruits, des fruits de salut éternel. Prends le temps de la prière, c'est par elle que se déploie les grandes puissances de ton sacerdoce tout en affermissant en toi la sainte patience, qui t'apprendra à marcher

au rythme de Dieu. Aime la sainte patience car elle obtient tout si on lui est docile.
Dieu n'est ni sourd ni muet et Il donne sa Sagesse à qui veut l'accueillir. Moi, Je te conduirai, toi et ceux qui implorent mon secours, dans le lieu du salut.

29

LE PONT

Fils, frère bien-aimé.

A ma suite, ta vocation, le don de ta vie au sacerdoce, fait de toi le pont qui réunit l'enfant à Dieu, son Père. Le principe du pont est d'unir deux rives l'une à l'autre pour rétablir la communication entre elles.
Cependant ta vie sacerdotale est si riche que tu es appelé à être à la fois le pont car tu es le suivant du Christ, recouvert de l'onction sacerdotale, mais aussi celui qui appelle l'homme à le franchir. De plus, tu es celui qui le traverse pour porter à Dieu les prières de son peuple.

Tu réunis l'homme à Dieu, tu le conduis jusque sur mon divin Cœur car là est son salut.
Un pont unit et, toi mon prêtre, Il te faut aider l'homme à s'engager dans cette voie unitive car toute l'épopée de la Rédemption a un but, la réunion de Dieu à son enfant, qu'Il chérit d'un si grand amour. Là où tu es, doivent résonner mes paroles qui sont gorgées de mes divines saveurs : « Goûtez et voyez comme est bon le Seigneur ».
Oh oui, comme il est bon de goûter aux fruits de l'Arbre de Vie et, le sacerdoce que tu as revêtu a fait de toi un de ses fruits les plus suaves et réconfortants. Avec toi, l'homme devrait goûter et se délecter de la divinité.

Mon fils, J'appelle chacun de mes enfants à rentrer en union avec moi et c'est pouquoi Je t'appelle à conduire l'homme pour traverser ce pont que Je suis. Son franchissement est impressionnant pour lui, car il surplombe un précipice vertigineux ouvert par la faute du péché, entre le Royaume de Dieu et la terre des hommes. Si mon enfant est trop craintif, blessé, épuisé, porte-le, prends-le sur tes épaules, ou contre ton cœur emporte-le. Restaure-le pour qu'il reprenne des forces, en amenant mon Amour jusqu'à lui, en me déposant jusqu'à ses lèvres, jusqu'aux portes de son cœur. Que par toi, il me goûte et découvre comme Je suis bon et savoureux, comme Je suis doux et humble. C'est ainsi qu'il acceptera mon Amour et pourra apprendre à s'aimer ; l'harmonie se fera en lui et l'unité avec ses frères.

Ta vocation te conduit à réunifier l'humanité en son Créateur, quelles que soient ses différences culturelles, économiques, spirituelles car Je suis Un pour tous, et il n'y a qu'une Vérité pour tous. Je suis la Vérité et nul ne peut rentrer au Royaume de mon Père s'il ne passe par moi. Tu accompagnes et éclaires l'homme afin qu'il trouve dans le message de l'Evangile la force de rejeter les mensonges, de refuser les haines fratricides qui divisent et d'accepter la réconciliation dans la Vérité. Parce que tu es prêtre, tu as revêtu la Parole de Dieu qui résonne, nimbée d'éternité, au milieu des civilisations. Tu es le servant de l'unité parce que tu es porteur de la Vérité.
Oui mon aimé, Je suis le pont que tous doivent traverser pour que tous soient réunis en une même demeure et deviennent les membres d'un même corps. N'est ce pas le travail du bon pasteur que de veiller à ce que toutes le brebis prennent le bon chemin qui mène à la bergerie ?

L'homme conduit par l'esprit du monde est aveugle, il ne voit pas ou distingue mal ce pont. Les tempêtes qui se déchaînent autour de lui l'intimident et le découragent lorsqu'il voudrait tenter son franchissement. Apaise mes enfants et encourage-les en passant devant eux.

Je suis le pont.
Prêtre, mon aimé, tu permets le rapprochement de chacun et, par tes mains, Je fais tomber des murs de pierres qui s'étaient érigés entre les hommes.
Justice et Paix se rencontrent.
Amour et vérité grandissent.
La confiance ne peut naître que dans la Vérité.
Ainsi, toi mon prêtre, tu es sentinelle de la Vérité!

30

AMOUR ET VÉRITE

« Il n'est pas de plus grand amour que de donner sa vie pour ceux qu'on aime... »
Jean 15-13

Mon frère bien-aimé, à la suite de ceux qui ont choisi de se livrer à l'Amour, tu deviens Amour ... Et l'Amour livre sa vie pour ceux qu'il aime.
Mon aimé, parce que tu es prêtre, Je t'ai largement ouvert les portes de mon intimité divine, comme on donne à son ami de cœur le plein accès à ses biens. Mon Sacré Cœur s'est penché sur toi et son désir est de se verser en toi, de propager en toi son embrasement qui est le feu de l'Amour divin.

Mon prêtre, Je te veux l'intime de la Lumière véritable, si intime, qu'en te voyant on voit son éclat car Je veux te placer comme un Soleil resplendissant à la tête de la foule immense des hommes, qui tâtonne et cherche la Lumière et le Salut. J'ai fait reposer sur toi une autorité unique qui t'élève au-dessus des foules afin qu'elles puissent te suivre et quitter les ténèbres. Tu le sais mon aimé, on ne met pas la Lumière sous le boisseau. Alors, laisse-moi te placer à la face des nations. Mais, ne cherche pas à t'y mettre toi-même, laisse-moi te conduire à cette place car Je l'ai choisie pour toi, c'est la meilleure et Je sais comment t'y amener.

Mon fils, mon aimé, Dieu est Amour, c'est pourquoi Dieu est Vérité.
Sa Parole est Vérité, c'est pourquoi Dieu fait ce qu'Il dit et l'Ecriture en témoigne. Puisque tu es le ministre de Dieu, tes œuvres

doivent être Vérité. Pour cela tes actions doivent être en Vérité avec ton cœur car tu as donné ton coeur à Dieu, c'est ainsi que la Vérité est gardée pure en toi. Si tu vis en vérité avec ma Parole, alors tes œuvres rendront témoignage à la Vérité. J'ai ouvert ton intelligence aux Ecritures, suis leurs enseignements. C'est ainsi que ton cœur s'unira à l'Amour. Si tu fais ainsi, Dieu s'unit à toi et agit avec toi. Cela est bon mon aimé, car ce n'est pas le gouvernement des hommes que tu cherches à donner aux nations, mais celui de Dieu !

Comme la fleur, baignée de soleil s'élève de la terre pour monter vers les Cieux lumineux, chaque jour, cherche à t'exposer aux rayons réconfortants et aimants de ma sainte Présence eucharistique. Réchauffe-toi en moi, laisse-toi t'imprégner de moi et en moi, grandis en sainteté. Ah ! Comme Je te désire saint, parfait ! De même que J'ai livré ma vie, toi aussi tu dois livrer ta vie afin que ta vie soit conforme à la mienne. Oui, tout donner, mais tout donner en Amour pur et véritable ! Seul celui qui aime peut pénétrer les secrets de son divin Maître. Je ne me cache pas à toi bien au contraire, Je te montre le chemin pour t'unir à moi. Elle est grande ouverte la porte de mon divin Cœur. Mais ne me devance pas, marchons ensemble ! Et puisque tout vient de l'Amour, commence par te mettre à son école ! Consomme l'Amour ! Accepte d'être regardé, aimé, façonné par l'Amour … Alors aimer te deviendra désirable, plus désirable que tout. L'Amour t'emportera jusqu'à Lui. Ta vocation de prêtre est une vocation d'Amour, une vocation amoureuse.

Mais voilà, mon aimé, l'Amour est exigeant. S'il se donne en plénitude, il attend en retour la plénitude du don chez celui qu'il a comblé. La tiédeur ne peut côtoyer la vive flamme. Tu ne peux témoigner de l'Amour qui s'est tout offert si tu laisses une partie de toi au monde. Tu serais dans le mensonge et le mensonge éteint l'amour car le mensonge vient des ténèbres. La Lumière ne peut contenir de ténèbres et toi, tu as vocation d'être embrasé par la Lumière! Offres-toi avec confiance à cet embrasement, quotidiennement, autant que nécessaire, offres-toi à Lui.

Ton humanité est misère par la faute du péché mais ton sacerdoce est miséricorde pour toi et pour ton prochain. Par l'onction sacerdotale, tu deviens resplendissant de la Gloire de Dieu. Vivifie cette onction en la remettant chaque jour sur l'Autel du Saint Sacrifice où Je m'allonge pour recevoir l'homme et m'offrir au Père pour son salut. Plonge-toi dans l'offrande de ma vie. Glisse-toi dans mes blessures ouvertes. A ce moment, Je te recevrai au plus intense de mon don d'Amour. Je te purifierai dans l'intime de mes blessures et Je te laverai dans mon très Précieux Sang. Je t'enrichirai des perfections divines. C'est ainsi que l'Amour deviendra la sève de ta vie, la nourriture de tout ton être. Alors, tu deviendras Amour et le don de ta vie sera Amour.
Mon aimé, tu le sais, il n'est pas possible de séparer l'Amour de la vérité.
Ma Parole est vérité, elle est un glaive tranchant. Elle sait pénétrer les cœurs et les esprits. J'ai remis cette lame entre tes mains consacrées afin qu'avec elle, tu combattes et préserves l'intégrité de mon enseignement, de mes dons que garde mon Eglise. Plus tu es toi-même dans la Vérité, soumis à son exigence, qui te veut parfait comme moi-même Je le suis, plus tes mains seront fortes et fermes pour manier cette épée. Tu iras sans l'ombre du doute sur ton visage, ni trouble dans ton coeur. Tu remporteras de grandes victoires sur le péché et l'hérésie.
Mon aimé, Je te le dis, là où il y a l'Amour il y a la Vérité. Mais là où il y a le mensonge, il y a les ténèbres et l'Amour ne circule plus. Les ténèbres sont non-vie et parce qu'ils ne sont pas vie, ils ne sont pas Amour. La Vérité est le rayonnement de l'Amour, alors rayonne ! Et réjouis-toi car la Lumière transperce les ténèbres.

Moi J'ai enseigné la Vérité à tous. Qu'ils soient riches ou pauvres, qu'ils soient grands ou petits, Je les ai tous instruits. Fais de même, avec ma douceur que J'ai mise dans ton cœur et la finesse de ton intelligence que J'avise et J'aiguise. Oui, mon aimé, le prêtre n'appartient plus à une classe d'homme selon l'esprit du monde, puisqu'il est à Dieu. Ainsi, il est à la portée de tous, pour tous.

Je suis venu et Je t'envoie à ma suite pour que l'homme connaisse l'Amour véritable, qu'il entende l'Amour véritable, touche l'Amour véritable, goûte et consomme l'Amour véritable, pour sentir s'infuser en lui son parfum suave.
Mon prêtre, comme il me plaît de voir jaillir de toi le feu de Vérité pour embraser le cœur des hommes. Tous deux, nous oeuvrons afin que la Vérité éclaire le monde et que l'on croie à l'Amour.
Pour cela, Ma divinité se diffuse et coule en toi, pour que ton sacerdoce ne manque pas de cette huile sainte par laquelle est éclairée la nuit des âmes.
L'impatience, la colère, la jalousie, l'orgueil et la vanité sont ces vents violents qui voudraient éteindre la flamme sacerdotale en vous et briser cette lampe que vous êtes. Mais, Je vous tiens fermement entre mes mains, veuillez à ne pas me quitter. Au contraire plongez en mes saintes plaies et cachez-vous y. Là, aucun adversaire n'osera venir vous enlever à moi.
Levez le rempart du pardon contre les fléaux qui perdent les âmes et comme moi priez : « Père pardonne-leur, ils ne savent pas ce qu'ils font ! ». Et lorsque nécessaire, déclinez cette prière pour vous-même et dites : « Père pardonne-moi, je ne savais pas ce que je faisais… » En faisant ainsi, vous comblerez les fossés que le péché creuse en l'homme et entre les hommes. Vous donnerez votre vie à ma suite, pour le salut de tous ! Ma joie vous accompagnera car il n'y a pas d'amour sans joie !
Alors votre sacerdoce sera la Lumière du monde ! La Lumière véritable !

31

MENSONGE ET IDOLÂTRIE

Mon fils, frère bien-aimé,
tu es prêtre, tu es mon choisi et ta vocation est d'annoncer la Vérité et pour cela tu confonds le mensonge.
Tu le sais bien, mon fils, le mensonge est entré dans le monde, il s'est répandu au milieu des hommes. Il est un ennemi rusé, comme une bête sauvage qui rode affamée pour saisir sa proie, l'âme. Il leurre et appâte, pour faire chuter dans les précipices du péché, les cœurs affaiblis et aveugles. C'est pour éviter ce drame que Je t'ai mis au milieu du monde et si tu as reçu la mission de confondre ce grand ennemi, il te faut cependant, toujours veiller à ne pas te mettre à sa portée. Aussi, toi le premier ne sois pas mensonge.

Je t'envoie pour proclamer que ton Seigneur est Vérité, en Lui point de mensonge, aucune ombre. Parce qu'Il est vérité, il est Lumière ; Il préserve les pas de ceux qui le suivent ! La Vérité ne cache rien, mais puisqu'elle est clarté sans ombre, elle révèle tout. Vois-tu mon fils, c'est bien cela qui inquiète celui dont le cœur est encore habitué à la dissimulation et aux ténèbres. La dissimulation replie l'homme sur lui-même et il craint les lueurs de mon Zénith qui dévoile ce que l'on garde caché, derrière la clôture de la culpabilité, de la honte, de toutes les puanteurs du péché. Mais vois-tu, ton doux Seigneur ne veut pas que son enfant se referme sur lui-même, ni qu'il reste captif de ce fiel qui empoisonne toute sa vie. Alors, avec toi, porté par toi, Je viens dans la splendeur de ma Gloire divine et Je veux m'approcher de chacun le plus près possible. Je désire que ma lumière illumine et qu'en tout homme soit révélé ce qui n'est pas de moi. Je veux brûler ces bois morts

dans le foyer ardent de mon Sacré Cœur.
Mon aimé, toi le premier expose-toi aux rayonnements de ma divinité. Chaque jour, la lumière du soleil chasse les obscurités de la nuit, et bien chaque jour toi aussi, remets-moi les obscurités de tes nuits et Je ferai lever en toi une aube nouvelle. Ne t'ai-Je pas appris que chaque jour mes faveurs se renouvellent ?

Le monde te combat et combattra contre toi sans relâche car tu fais pénétrer ma Lumière dans les profondeurs de la corruption ; comme une flèche mortelle, tu peux atteindre le cœur de ses projets obscurs.
Au cœur de l'Eglise, ton sacerdoce te donne tous les moyens, toutes les puissances nécessaires pour dévoiler et confondre ses plans abominables, qui veulent la mort de l'âme. Mais ne crains pas, mon aimé, ne craignez pas vous tous qui êtes instruits dans la Vérité et qui désirez garder un cœur droit, car votre Seigneur n'a pas fait de vous la proie de vos ennemis. Bénissez votre Seigneur car Je veille sur vous, Je suis un Dieu jaloux.

Le mensonge prend bien des formes dans la vie de l'homme et Je désire en souligner une en particulier qui me répugne : l'idolâtrie. Elle est une des formes du mensonge.
Les idoles sont tellement présentes dans vos vies ! Toutes sont des menteries, des abominations qui vous arrachent à moi, à ma miséricorde, à ma providence. Elles sont vos veaux d'or. Elles s'emparent de la raison, la tordent, l'épuisent. Elles se glissent sournoisement dans l'homme et le subjuguent pour le diriger. La liberté qui est don de Dieu à son enfant est alors en grand danger, or c'est bien par la liberté que l'on vient à l'Amour. L'homme sans vigilance, qui vit loin de moi, est infesté par ces idoles. Mais toi mon prêtre, tu brandis le grand remède à ces infestations, ma Croix, elle est signe du Salut car c'est par Elle que le salut est entré dans le monde. Oui, qu'il lève les yeux vers la Croix l'homme

infidèle à mon Amour et il sera sauvé.

Mon aimé, mon choisi, toi aussi sois vigilant car ton sacerdoce pourrait également être perverti par cet esprit d'idolâtrie, ce lierre du mensonge.
N'adore nul autre que moi !
N'espère ton salut de nul autre que moi car Je suis un Dieu jaloux.
Mets ton espoir en ton Seigneur, n'oublie pas qui Je suis.
Ne te replis pas sur toi-même car tu risquerais d'oublier que ton sacerdoce est le don du service et que pour bien servir, le serviteur doit être avisé des volontés de son Maître. Cherche, demande appelle ma divine volonté. N'oublie pas que le serviteur n'est pas plus grand que le Maître.

Mon fils, beaucoup de mes enfants se réfugient auprès de leurs idoles. Pour les sauver, Je t'ai uni à moi et c'est ainsi que nous allons à leur secours. Ma divinité confronte l'idole sans vie. C'est pourquoi Je t'envoie pour éclairer le discernement de l'homme et le fortifier afin qu'il rejete l'hérésie et soit libéré du filet de l'oiseleur.
Tu appelles l'homme à choisir l'Amour pour guider sa vie. C'est l'appel à la conversion, à l'éveil spirituel qui s'opère sous les rayons lumineux de la Vérité. Ma miséricorde soutient ce chemin et ses exigences. Pour cela encourage et dit à mes enfants captifs de tant d'inquiétudes, que s'ils se sentent démunis car incapables de contenir et maîtriser l'Amour de Dieu, s'ils voient leur cœur, leur ressources si petites qu'ils ne peuvent me contenir … Qu'ils ne peuvent contenir la mer, eux qui sont de petits grains de sable … Dis-leur que la mer peut les recevoir en son sein. Ainsi, si l'esprit et la raison humaine ne peuvent contenir ma divinité, ma divinité, elle, peut contenir toute l'humanité en son sein ! Alors que rien n'effraye celui qui s'est donné à moi.

En toi, par toi et autour de toi, la Vérité doit confronter le mensonge tout comme la lumière confronte et chasse l'obscurité. Cependant, alors que la grâce œuvre, redouble de bonté pour le pécheur et soutiens ses efforts. Chasse le péché, mais soutiens le pécheur. La plus pure bonté que tu puisses lui servir est de lui enseigner la Vérité sans compromis.

S'il tombe en chemin, que jamais il ne tombe loin de tes bras afin que tu puisses le relever. J'ai fortifié tes bras par la charité et ton cœur par la connaissance de la Croix, afin que soit restauré ce que le mensonge avait blessé. Sois vigilant pour toi-même et pour le pécheur. Garde et défends courageusement l'intégrité de la Vérité qui t'a été révélée, comme on garde le plus parfait et puissant des remèdes. Aime l'exigence de mes commandements ! Ils sont dons de mon Amour miséricordieux et révèle aux yeux encore faibles, la présence du péché.

N'oublie pas que pour le salut de l'homme pécheur, tous deux, nous avons livré notre vie. La tiédeur notre ennemie, qui a pour alliée la perversion du mensonge, rôde. Aie pitié des âmes tièdes, habituées aux compromis, qu'elles ne restent pas sous les eaux troubles du mensonge.

32

ILLUMINER LE MONDE

Mon fils, frère bien-aimé,
pour toi, qui suis-Je ?
Je suis la Lumière véritable qui a pris chair au milieu de vous.
La Lumière divine ne veut ni éblouir, ni annihiler la nature humaine, mais bien au contraire, elle veut la révéler en vérité. Aussi, toi qui es prêtre, toi qui es le revêtu du Christ, Je t'ai appelé pour que, par toi l'homme soit révélé à l'homme dans l'éclat de ma divnité.
Vois-tu, depuis ta consécration sacerdotale, nous sommes unis si particulièrement. Je t'ai placé au zénith de ma divine Gloire, immergé dans ce soleil de vie, pour t'unir à moi afin que tu connaisses mes œuvres et les perpétues à ma suite. Je veux te montrer ces œuvres du salut car Je suis le Saint de Dieu et à ma suite, Je t'ai appelé pour sauver.
Ne crains plus ! Oh oui mon aimé, Je t'ai levé au-dessus des ténèbres de ce monde comme une étoile resplendissante du feu de l'Esprit, pour que ton éclat déchire les linceuls des ténèbres qui recouvrent les cœurs. Reste contre mon Sacré Cœur.

Mon fils, vos pères ont annoncé ma venue parmi vous en prophétisant : « …et le peuple qui marchait dans les ténèbres a vu se lever une grande lumière et sur les habitants du pays de l'ombre, une lumière a resplendi." Isaie 9-2
Je suis la Lumière véritable et Je suis venu pour redonner la lumière à l'homme.
Je suis l'Amour véritable, doux et humble, l'Amour pur et toi tu es rayon de ma Lumière. Tu diffuses mon éclat tant que tu es uni à moi.

L'Amour jamais ne blesse, jamais ne ment, jamais ne s'impose. L'Amour aime à aimer et pour cela, sa joie est d'enrichir en s'offrant lui-même, car en l'Amour sont contenues toutes les richesses.
L'Amour regarde, l'Amour s'attache, l'Amour se nourrit d'Amour. Prêtre de Jésus, tu es né de l'Amour. Tu deviens l'Amour. Tu dois demeurer dans la vérité de l'Amour, car si tu t'en écartais, tu t'éloignerais de moi et ton sacerdoce s'éteindrait.

Cependant, la raison humaine, isolée, orpheline de la présence de son Créateur, s'inquiète et dans son tourment s'interroge : « Qui est Dieu ? Où est-il ? Qu'est-ce que l'Amour ? … ». Alors toi, mon fils, mon aimé, Je t'ai placé là, au coeur de ses questionnements et J'ai voulu que ma Gloire déborde de toi pour éclairer les cœurs et illuminer les raisons. Tu es le lit où les eaux vive de ma divinité coulent pour abreuver les assoiffés de Vérité, pour baigner de miséricorde et de tendresse les âmes brûlées par le péché. Lorsqu'elle est loin de moi, l'humanité ne trouve pas de remède à son inquiétude et son désarroi tiraille son cœur parce qu'elle sent la souffrance et ne voit pas Dieu pour l'en sauver. Elle cherche le roc de l'espérance et ne trouve que le sable de l'instabilité humaine. Elle s'effraie des apparents silences de Dieu… Et alors, au fond de son cœur agité, l'homme s'interroge : « L'Amour est-il donc si lointain que je ne puisse pas le sentir et qu'il ne puisse me secourir ?». C'est alors bien souvent qu'elle décide d'être son dieu à la place de Dieu.
Mais cette humanité aveugle est sans sagesse ; de quel « dieu » attend-elle une réponse ? Du vrai Dieu, l'Eternel qui a fait le Ciel et la Terre ? Ou bien de « faux dieux » qu'elle crée pour satisfaire ses désirs cupides, apaiser les inquiétudes de sa nature blessée et combler ses besoins charnels ? Faux dieux, idoles fantasques ou idoles humaines que le pécheur ignorant des faveurs de son Seigneur, élève sur les parvis de la gloire du monde afin de maîtriser

le mystère de la dimension « spirituelle » de sa vie ; pour briser la transcendance et nier les manifestations divines que sa raison ne peut soumettre aux limites de sa compréhension. Oui, car voilà dans ce bas monde, les esprits bornés ne savent rien de ce qui est élevé et qui t'a été révélé, à toi mon prêtre. Que de drame et de misère pour ces hommes sans cervelle qui ne connaissent pas la profondeur des pensées de leur Seigneur. Mais à eux Je n'ai pas ouvert mon divin Cœur comme Je l'ai fait pour toi … Oh oui, si largement ouvert ! Où iraient-ils puiser leur espérance ? Ils ne connaissent pas mes œuvres, ils ne connaissent pas tes œuvres qui doivent témoigner de ma divinité. M'aimer ne les intéresse pas.

L'esprit de ce monde veut ramener Dieu à la dimension humaine, alors que moi, Je suis venu ramener l'homme à la dimension divine ! On voudrait apprendre aux foules que religion et philosophie viennent de l'homme. Tout est fait ici-bas, pour arracher du cœur humain « l'instinct » de ma divinité. Voilà comment on procède pour tromper les cœurs et la raison, en « enlevant » à Dieu sa divinité. Qu'Il ne soit plus rien qu'un autre dieu, une béquille pour une humanité en construction qui voudrait s'ériger elle-même ! Voilà comment, à force de mensonges, on éteint l'espérance en l'homme.
Mais toi mon prêtre, mon aimé, tu es là et tu passes comme Je le fis au milieu de l'humanité. Et ta seule présence est déjà folie pour la pauvre sagesse humaine. Tu lèves la main et la délivrance accourt vers le captif. Tu n'es plus l'aveugle et si ton regard distingue la trahison, si tes mains touchent le pécheur, c'est pour qu'en mon Nom, il soit relevé et sauvé.
Mon Nom repose sur tes lèvres comme repose un baume, une onction qui donnent à tes paroles la suavité de ma divine miséricorde, le tranchant de la vérité et l'autorité de ma victoire. Souviens t'en lorsque tu prêches et laisse ma divine Essence oindre tes paroles.

Ah, comme tu es étrange pour ce monde qui ne voit pas ce que tu vois et ne connait pas ce que toi tu connais ! Mais au milieu de lui, tu témoignes que Je suis Dieu, le vrai Dieu, Maître et Roi des nations. Qu'il n'est pas d'autre Dieu et que mon trône est dressé au-dessus de ce monde. Vrai Dieu et vrai Homme, Je suis venu et, vêtu de majesté, Je me penche amoureusement vers mon enfant bien-aimé ; penche-toi vers lui avec moi et agissons pour lui.

Ah mes prêtres, mes aimés, quel saisissement lorsque Je repose entre vos mains consacrées. À vous tout particulièrement, Je me suis dévoilé. Je me suis livré à vous afin que vous puissiez m'observer, me découvrir, me toucher, me goûter, me donner… J'ai mis entre vos mains mon humilité suprême que Je dévoile entre vos doigts, dans ma sainte Présence eucharistique. Docile à votre appel, sur l'Autel, Je vous livre mon divin Cœur qui bat entre vos doigts. Et lorsque finalement vous aurez pénétré jusqu'en l'intimité de ce Cœur-Sacré, laissez vos âmes me dire : « Mon Seigneur et mon Dieu Je vous aime ! Que pourrais-je avoir aux cieux, si ce n'est vous mon Seigneur ? Et à part vous, je ne désire rien d'autre, ni au ciel, ni sur la terre. Ma chair et mon cœur se consument d'amour pour vous. Mon Dieu, mon roc, vous me soutenez, Je veux vous appartenir à jamais. ».

Venez mes prêtres, venez à ma table et savourez la nourriture que Je vous sers car Je vous laisse consommer les secrets du Roi des rois.
J'ai fait de vous les témoins du désir d'Amour de la Divinité qui s'unit à l'humanité parce qu'Elle l'aime et la veut sainte. L'Amour véritable se donne dans la délicatesse et la douceur; dans l'humilité il établit cette communion avec l'aimé. Il se dévoile dans la tendresse, il restaure dans la miséricorde, il affermit dans la vérité. Je vous ai choisis, mes prêtres, afin que vous témoigniez de cette délicatesse aimante de Dieu pour chacun de ses enfants. Cette

délicatesse, qui est le fruit de l'Amour, doit se révéler à travers votre sacerdoce. Et avec quelle mansuétude doit se déverser de votre cœur sacerdotal la Source d'Eau Vive, pour éteindre les brasiers de la peur et de la suspicion, que le péché allume !
Votre vocation vous appelle à porter l'Amour, à déborder d'Amour afin que les âmes s'éclairent d'une lumineuse splendeur qui ne s'éteint pas. Un Amour pur, un Amour chaste, doux et d'une humilité qui renverse toutes les séductions du monde perverti et haineux. Un Amour fort, dont l'autorité suprême ne craint pas de s'exprimer pour dénoncer et renverser les monnayeurs et les profiteurs de ce monde… Mon Amour.

C'est en me voyant vivre que mes apôtres me reconnurent et ainsi plongèrent leur vie dans ma divine volonté. Il faudrait que cela soit de même avec vous et que l'homme vienne à moi en vous voyant vivre. Je ne vous demande rien qui soit au-dessus de vos forces. Simplement, plus l'âme désire Dieu, moins elle craint d'être transparente à sa Présence et plus s'épanouit en elle l'union divine. Dieu la fait resplendir de sa Gloire suprême et se réjouit de son éclat. Alors, même si votre nature humaine est pauvre, faible et endurcie, n'oubliez pas que c'est par la sincérité de votre amour de Dieu que se fait la circulation de la divnité en votre humanité.
Dieu désire lever l'aube divine en chaque âme pour l'appeler ensuite jusqu'au zénith de la foi et qu'elle puisse enfin s'unir parfaitement à son Amour.
Je suis la Lumière du monde.

33

ENTRE VOS MAINS, JE REPOSE

Je SUIS la Lumière du monde.
Entre vos mains, Je repose,
Aimant,
Miséricordieux,
Afin que vous me donniez au monde en partage.

34

RÉJOUIS-TOI

« Qu'il relève en toi le sanctuaire,
Qu'il réjouisse en toi les exilés,
Qu'il aime en toi les malheureux,
Pour les siècles sans fin ». Cantique de Tobie (Tb 13)

Mon aimé, mon prêtre, pour moi qui es tu ?
Tu es la rosée de ma divinité, eau de Vie douce et humble, qui perla au matin de ma resurrection, pour recouvrir des étendues immenses des fraîcheurs de la miséricorde divine.

Pourquoi t'ai-Je choisi ? A quoi t'ai-Je appelé ?
Mon aimé, mon prêtre, Je t'ai désiré de toute éternité et J'ai inscrit ton nom en mon divin Cœur.
D'une façon singulière, J'ai parfumé tes vêtements avec la myrrhe et l'aloès.
Mon choisi, Je t'ai appelé pour travailler au relèvement et au salut de l'homme qui est l'œuvre de l'Amour.
Je ne t'ai pas choisi pour ta peine,
Ni pour mettre sur tes épaules un joug qui t'accable et t'attriste,
Ni pour voir ton cœur s'épuiser et ta joie se tarir.
Je t'ai appelé au sacerdoce pour que tu te réjouisses dans les œuvres que J'accomplis car par l'onction que tu as reçue, là où Je suis, tu es et là où tu es, Je suis ! Je t'ai appelé pour que tu sois brûlant de mon Amour, ferme dans la Vérité et compatissant pour le pécheur.
Je t'ai appelé pour ta joie.
Je t'ai appelé pour la joie de tout homme.
L'onction sacerdotale que tu as reçue est une onction pour la

vie, pour ramener et communier à la vraie vie et la vie c'est la joie. Dans l'intimité de notre quotidien où Je nous désire unis, luttant fermement contre les distractions qui voudraient t'éloigner de moi, nous allons ensemble arracher des tombeaux de la mort, celui que Dieu a créé pour la vie et la béatitude éternelle : l'hommes.
Uni à moi, Je fais de toi le témoin du relèvement d'une multitude, afin que ton cœur de pasteur exulte, car Il est une joie sans comparaison dans le Royaume de mon Père lorsqu'un pécheur revient à la vie. Ce qui réjouit le Père doit te réjouir car Dieu te donne son Coeur en partage. La raison de chaque lutte, de chaque combat est l'espérance en cette renaissance.
En mon Sacré Cœur la joie est embrasement et c'est avec elle que Je veux illuminer ton cœur et soutenir ton apostolat. Je veux qu'en te voyant vivre, tes frères et sœurs soient touchés par cette allégresse qui tout en connaissant le chemin de la Croix, annonce la Résurrection. C'est ainsi qu'ils viendront à moi et les pensées morbides de ce monde seront anéanties.
Oui proclame de toute ton intelligence, de toute ta force, comme Dieu est bon pour son peuple.

Je t'ai saisi par la main pour te faire rentrer dans la demeure de Dieu. Tu n'es plus de ce monde, tu es de mon Monde, de mon Royaume. C'est moi qui te conduis. Alors ne t'étonnes pas si tu te sens exilé, pèlerin sur cette Terre et pour reposer ta tête sur le chemin que tu parcours, Je t'ai donné mon divin Cœur infiniment doux et humble.
Je me suis donné à toi afin que tu disposes de moi. En me donnant à toi par ta consécration sacerdotale, tu as reçu un embrasement de la foi et ne t'ai-Je pas promis que tu réaliserais de grandes choses si tu avais la foi, même petite comme une graine de sénevé ?... Ton humanité aussi est bien petite devant la grandeur des mystères divins ; si petite comme la plus petite des graines !

Et toi, aussi petit que tu sois, si tu es enfoui dans la plus fertile des terres qui est mon Sacré Cœur, tu deviendras un grand arbre robuste, où le Royaume de Dieu viendra visiter la Terre.

Ne crains pas ta pauvreté ni la modestie de ta foi car si tu les plonges en moi, Je te soutiendrai de mes divines vertus et alors, tu te risqueras avec courage et audace à me suivre. Tu oseras la pleine confiance en Celui que tu as choisi d'aimer et de servir.
Mon aimé, c'est bien l'Amour que tu as choisi d'aimer, d'accueillir et de servir. La foi est le fruit de l'Amour, plus nous nous aimons l'un l'autre en pure vérité, plus ta foi grandit, s'affermit et plus l'homme sera secouru et élevé.
Moi Je suis l'Amour. Laisse-moi me dévoiler toujours d'avantage à toi et tu verras comme il est doux d'aimer l'Amour.
Alors, l'extraordinaire s'accomplira en toi aussi certainement qu'il s'est accompli en ma très Sainte Mère par son Fiat ! .... Une si petite parole mais qui a relevé si haut toute l'humanité !
Et par ton « oui » sacerdotal, avec toi Je relèverai le sanctuaire,
Unis, nous réjouirons les exilés de mon Coeur,
Nous consolerons les malheureux privés espérance,
Pour les siècles sans fin.

Mon fils, tu n'as plus à vivre sous le joug de la condamnation puisque tu as permis que Je te libère. Je t'ai racheté et justifié ! Sèche tes larmes et défends ton héritage. Qui laisserais-tu remettre un joug sur tes épaules ?
Je te fais connaître ton péché et tes manquements, mais avec la miséricorde et la délicatesse de mon Amour. Mon pardon recouvre tes fautes si tu me les remets, si tu me les confies. Sans que rien ne puisse me lasser, Je te redonnerai la blancheur de l'agneau. Mon pardon te donne vie et joie ! Mon pardon construit ta sainteté.... Il fera de même pour ceux qui le recevront de tes mains. Tu déborderas de ma Vie. Je te mets debout pour marcher vers

la Terre promise et y conduire mon peuple. Je t'ai appelé pour qu'autour de toi on se réjouisse des promesses que J'ai faite à mon peuple.
Tu aimeras le malheureux puisque J'aurai consolé ton malheur.
Tu réjouiras l'exilé car Je t'aurai réjoui sur cette terre étrangère.
Oui, Je te réjouirai. Le joug de mon Amour divin ne te brisera pas. Le monde voudra te briser parce que tu portes l'Amour mais moi, Je ne te briserai pas ! Je veux te réjouir et tu le seras en me voyant agir.

Je suis la Joie, la joie parfaite et Je me réjouis dans mes œuvres parce que mes œuvres sont bonnes !
Et puisque Je t'appelle à vivre en ma Vie, réjouis-toi car, uni à moi, tes œuvres seront bonnes. Ne te compare pas car alors tu tomberais dans la jalousie qui brise la grâce.
Divinement, Je t'aime.

35

FOI ET VÉRITE

Mon aimé,

Qui donc pourrait transmettre la Lumière de la Foi au cœur de l'homme, au cœur de l'humanité ?
N'est-ce pas celui qui lui-même a reçu cette Lumière en communion et l'a pris pour vêtement ?
Et bien ce vêtement de gloire, mon aimé, Je le partage avec toi ; il est ton habit sacerdotal. Oui, tu en es revêtu et ainsi avec toi, l'éclat de ma divinité se répand sur l'humanité ; son éclat, mais aussi son autorité suprême. Et cela est bon, car n'est-ce pas l'Essence même de ma divine Gloire que de vouloir se donner en partage pour le bien d'une multitude ?
Mon aimé, toi qui es prêtre, si richement vêtu, tu as été choisi pour transmettre l'éclat de ma Majesté suprême. C'est Elle qui ouvre le cœur et l'esprit pour que jaillisse la foi dans l'homme.
Pour cela mon aimé, J'ai embrasé ton cœur de cet éclat afin que là où tu te tiens, puisse se lever, par le souffle de l'Esprit, l'incendie de la foi.
La foi est l'embrasement de l'âme en ma divine Essence.
Qui reçoit la foi me reçoit, c'est pourquoi, celui qui a la foi reconnaît la présence de Dieu en lui. La foi rétablit et affine la communion entre Dieu et son enfant. Lorsque l'homme reconnaît que cette présence est Amour, la foi grandit. Une foi forte est une foi qui respire bien par ses deux poumons qui sont l'amour et la confiance. Respires-tu bien, mon aimé ? Ne crains pas de laisser ton doux Seigneur t'ausculter car toi aussi, tu iras ausculter l'homme.
Plus l'homme recherche la présence divine, plus cette recherche

est sincère et motivée par un vrai désir d'Amour, plus Dieu se donnera à lui, plus il se révélera en lui et plus la foi s'affermira et grandira en lui. Il respirera bien.

La foi est vivante puisqu'elle est manifestation du Vivant, c'est pourquoi celui qui a la foi est vivant. Toi mon fils tu es un vivant. Et parce qu'elle est vivante, la foi a besoin d'être nourrie. Regarde l'homme et vois sa faiblesse et son aveuglement. Qui viendra à son aide et lui donnera de bonnes choses en nourriture ? Dieu EST perfection et puisque la foi EST don de Dieu, la foi ne peut se nourrir que de la perfection divine. Puise en moi, plonge en moi afin de cueillir les saintes nourritures qui fortifieront l'union entre Dieu et son enfant. Puisque tes mains ont été consacrées, tu peux faire ainsi.

Vois-tu, mon aimé, l'Eglise a reçu la vocation de transmettre la foi parce qu'elle a reçu la vérité et toi, ministre de l'Eglise, Je t'ai appelé à garder intègre et pure la vérité afin que l'homme puisse s'ouvrir aux mystères de la foi véritable et soit préservé de l'incohérence des mensonges. Les incohérences des fausses doctrines rendent l'homme méfiant et cette méfiance ferme son cœur. Il se ferme à mes appels. Si toi, tu vis en pleine cohérence avec la vérité, dans le cœur de l'Eglise, tu rendras témoignage à la vérité, alors l'homme qui t'observe prendra confiance et laissera entrer en lui ton enseignement, car la confiance est le fruit savoureux de la vérité.
Mon fils, mon aimé, l'Église est l'Arche de la Nouvelle Alliance où Dieu se tient au milieu de son peuple. Avant ma venue, Dieu se tenait dans l'Arche d'Alliance de vos pères et Dieu se réjouissait de sa présence à vos côtés. Cependant, c'était une arche en bois corruptible et fragile, comme l'est votre humanité. Alors moi, Je suis venu et J'ai fait de mon Corps d'homme ressuscité l'Arche de la Nouvelle Alliance, demeure sainte, incorruptible

et J'ai appelé cette demeure : Eglise. C'est pourquoi la mort ne prévaut pas contre Elle. Par ma sainte humanité, votre humanité peut toucher ma Divinité. J'ai réuni ce que le péché avait séparé. Oui, Je me laisse toucher ! Notre contact n'est pas seulement spirituel, il est aussi charnel, tout comme la foi n'est pas seulement le fruit de la raison, elle est aussi le fruit de la communion à ma chair ressuscitée où Je livre mon divin Coeur.
Voilà bien pourquoi l'homme, que la peur domine par la faute du péché, craint l'embrasement de la foi en lui, car il craint le plein épanouissement de ma présence en lui. Montre-lui par ton exemple, qu'il n'a rien à craindre de moi et qu'il peut m'ouvrir la porte de sa demeure. Sois ce grand frère qui lui ouvre le chemin.

Mon fils, par ton sacerdoce, la présence de Dieu touche l'homme et vient agir en lui. Les sacrements que tu administres sont les mains, les doigts de Dieu qui touchent son enfant. Les sacrements ne sont pas limités, ni figés puisqu'ils sont vie divine. Les sacrements se développent, s'épanouissent, se livrent et leurs actions se diffusent en celui qui les reçoit. Ils nourrissent la foi. Ton cœur sacerdotal est le foyer où brûle le feu des saints sacrements et parce que tes mains sont consacrées, elles peuvent saisir ce feu pour le faire descendre dans l'âme. Les sacrements portent le règne de Dieu dans l'homme ! Ils ouvrent le cœur et moi J'y dépose les lumières de la foi.
Oui, toi mon prêtre, tu fais venir le règne de Dieu dans l'homme, tu unifies sa volonté à la mienne. Tu es le porteur du Saint des saints. Tu portes Celui qui porte toute chose et dont toute chose sainte procède.
Comme le Père souffla l'haleine de vie dans le contour inanimé de son enfant, tu as reçu la grâce de faire descendre sa Vie en tout homme. Lorsque tu administres un sacrement par l'autorité qui t'a été conférée, tu introduis le Père, le Fils et l'Esprit-Saint dans tout l'être. La foi qui est vérité jaillit et peut illuminer tout l'être.

36

A LA SUITE DES PREMIERS BERGERS

Mon fils, frère bien-aimé,
Ce ne sont pas les notables et les savants qui vinrent m'adorer les premiers, mais les bergers.
Ce sont eux que J'ai choisis en premier.
Je voulais que ce soit à eux pasteurs, premiers choisis, que soit révélé le mystère du salut. Un mystère encore vierge du regard de l'humanité sur Lui.
Je voulais que ce soit dans l'intimité préservée de la sainte Famille, où l'Amour se montrait en sa plénitude, qu'ils viennent le contempler et entrer en sa communion.
Je voulais que leurs yeux, avant tout autre, voient et s'émerveillent de ma présence divine. Parce que leur cœur de pasteur était simple, ils pouvaient recevoir l'éblouissante simplicité de l'Amour divin.
Je voulais qu'en posant leur regard sur mon adorable humanité, moi le Berger de mes brebis, ils soient rejoints par mon Amour qui venait s'y révéler si pleinement. Je voulais qu'à eux soit dévoilée dans le silence et l'adoration, l'intimité de la Sainte Famille. Je voulais qu'ils soient les premiers adorateurs. Adorateurs de cœur avant la raison. Sans doute savaient-ils bien peu de choses, mais leurs esprits étaient simples et libres. Ils portaient en eux la tradition de leurs pères. Ils reçurent devant la multitude des hommes, l'illumination de leur être ainsi qu'une joie, une espérance, intenses et nouvelles en leurs cœurs. Premiers bergers, choisis entre tous les hommes, qui recevaient ma prédilection. Par eux, se dévoilait combien vous mes prêtres, choisis au milieu des hommes, êtes leurs héritiers, descendants de cette prédilection, ceux avec qui Je désire partager mon intimité et celle de la sainte Famille tout particulièrement.

J'étais là, dans la crèche. Le monde était affairé à ses occupations… ailleurs. Les sages qui me cherchaient, puisant dans leurs connaissances, scrutant les signes, arrivèrent plus tard.

Mais toi, prêtre, berger de mon peuple, Je t'appelle à cette contemplation où Je n'ai besoin que d'un instant de ta disponibilité pour me révéler à toi. Je t'ai extrait du monde et choisi pour être l'intime de ma Présence adorable, le contemplatif de la Sainte Famille, au sein de laquelle tu es le bienvenu. Dans cette contemplation, cet échange, Je te soulève jusqu'à moi. Je t'ouvre mes bras pour que tu viennes t'y déposer et déposer l'humanité. Que pourrais-tu craindre de l'enfant Jésus Roi d'Amour ?
C'est dans ce dépouillement et cette fraîcheur enfantine que Je te livre mon divin Cœur ; n'as-tu pas envie de Le saisir, si petit et innocent, mais déjà plein des joyaux de ma divinité. Et chaque jour, alors que tu Le tiens entre tes mains consacrées, souviens-toi que Je t'invite à t'y établir, à Le prendre pour modèle. Quelle fraîcheur et quelle impétuosité dans ce divin Cœur de l'enfant Jésus Roi d'Amour ! Il voudrait que tu te reposes contre Lui. Il est un remède si puissant.
Par la contemplation à la crèche, la nature humaine est versée en la nature divine. Oui, tu es appelé à prendre la suite des premiers bergers. Et pour que jamais cette grâce ne s'éteigne en toi, accepte que ton cœur soit la crèche où la Sainte Famille s'établira.

N'envie pas ceux qui n'ont pour connaissance que ce que l'homme peut percevoir et comprendre. Ils n'auront jamais ce que Je peux te donner en un instant de contemplation. La connaissance des divins mystères que Je t'invite à acquérir doit éclairer ta conscience. En me voyant petit enfant dans la crèche, je t'encourage à ne plus craindre ta pauvreté et ta fragilité… Vois-tu, je t'ai rejoint en elles. Mais sache aussi que J'exprimais dans ce dénuement, combien mon besoin de vous donner mon Amour et de recevoir le vôtre me rend vulnérable, mendiant de l'attention humaine et combien en m'aimant, vous savez consoler mon divin Cœur que le froid des âmes et la soif de leur rédemption tiraillent.

Réjouis-toi de tout ce que Je désire te partager.
Cherche à entretenir ce regard d'émerveillement que l'humilité sait donner. C'est avec ce regard que toute ta vie, jusqu'au jour de ton illumination éternelle, tu dois me regarder comme le firent les premiers bergers avant toi.
Je suis un Dieu qui réjouit, voilà pourquoi Je t'appelle à t'émerveiller en ma présence pour te réjouir de notre intimité…

Noël, le 25 décembre 2013

37

AIME

Fils, frère bien-aimé, J'ai dit :
« Tu aimeras ton prochain comme toi-même ... »
Oui mon aimé,
Toi le premier devant tous, reçois cette exhortation !
Que pour toi elle soit à la fois une recommandation aimante, mais aussi une supplication et un commandement.

Mon aimé, parce que le corps est soucieux de son bien-être, la tête scrute chacun de ses membres avec amour et bienveillance. Toi aussi, soucie-toi des membres du corps qui forment l'Église ! Ils sont mes enfants bien-aimés, ils sont tes enfants.
Si Je suis la Tête de ce corps qui est l'Église, toi mon aimé, mon prêtre, tu es avec moi à sa tête, non moins pour diriger que pour servir, pour être attentif à la santé et aux besoins de tous, comme Je le suis pour toi. Regarde mon aimé, regarde ce corps qui marche vers le Royaume de Dieu... Cheminant et emportant en son sein les générations d'hommes et de femmes vers la plénitude de la béatitude.

Je t'ai appelé à ma suite pour être le bon berger de ce peuple, cette tête et ce cœur qui conduit au salut. Ici-bas, les ténèbres dissimulent à vos yeux les rives bienheureuses. Mais jamais la Lumière ne te manquera pour illuminer tes pas, si tu prends la torche de l'amour charitable pour éclairer ton action, car celui qui exerce la charité vit dans la lumière de l'Esprit.
Si tu ne peux encore aimer parfaitement chacun des miens, car tu ne peux t'aimer encore parfaitement, tu peux néanmoins plonger ton désir dans le cœur de ma Mère et le mien qui se sont tissés

l'un dans l'autre. Tu peux travailler à exercer la charité en laissant ma divine présence aimer en toi, comme Je le désire. Tu ne pourras jamais t'aimer aussi parfaitement que mon Amour t'aime et tu ne pourras jamais aimer aussi parfaitement qu'en me laissant aimer en toi, comme Je le désire. Aucune volonté ne peut être plus parfaite que la mienne, accepte donc de t'y plonger et laisse sur le rivage de la seule raison humaine, ta volonté et ton désir propre. En faisant ainsi, tu laisses tout ton être plonger en mon Amour, s'immerger en ma divine volonté, Je suis TOUT en toi, pour toi et pour la multitude.
Une âme nécessiteuse qui reçoit la charité s'ouvre à la grâce et ne tarde pas à dévoiler ses plus beaux trésors. L'amour jaillira spontanément de ton cœur pour elle. Quel grand moyen que la charité par qui l'Esprit fait l'unité entre les hommes.

Fils de Dieu, la vérité est ta patrie et la charité les souliers qui te portent vers l'homme. Même s'ils sont rougis par la peine et le sang du martyr, chausse-les avec amour et confiance.
N'oublie pas que ce qui nourrit la charité, c'est la prière. La prière est le lit de la rivière où l'eau de la charité s'écoule de nos Cœurs unis, pour irriguer les terres assoiffées. Et, là où il y a la charité, il y a l'Amour.

Oh oui ! Mon cher frère ! Aime !
Tu ne manqueras jamais d'amour puisque Je demeure en toi et toi en moi. En demeurant en moi, tu deviens Amour. Tu disposes de mon Amour. Demande et tu recevras ! Demande-moi chaque jour ton pain quotidien, le pain de mon Amour qui te nourrit. J'ai ouvert mes mains et J'attends que tu y poses les tiennes. Je désire t'apprendre à les ouvrir aussi grandes que les miennes pour que tu reçoives avec abondance mes dons et que tu donnes avec la mesure de l'Amour. C'est après m'avoir laissé te combler comme Je le désire, que par toi les vivants recevront l'abondance de mes biens.

Oui, aime ! Et en premier aime l'Amour ! Car tes frères sont semblables à toi ! Il n'est pas difficile de voir en leurs faiblesses ta propre faiblesse. Tout comme il n'est pas difficile de voir en leurs besoins, tes propres besoins ! Tu sais que mes gestes de salut sont des gestes de miséricorde et de patience, mais aussi des gestes qui sabrent le mensonge et la corruption. Si Je suis lent à la colère c'est parce que Je sais que l'Amour est la nécessité de l'homme, ce qui le fait vivre, ce qui l'anime, l'épanouit... le sauve. Les ténèbres du péché ont levé une brume ténébreuse qui obscurcit son esprit, son cœur et il ne perçoit que très maladroitement cette nécessité de sa nature. Il se cherche car il me cherche ! Et puisque l'Amour aime à aimer, Je m'offre patiemment jusqu'à ce que l'évidence s'impose, lumineuse, forte… Seul l'Amour peut contenter une âme puisque l'âme est amour, créée à notre ressemblance. L'Amour est le remède. L'Amour restaure la vie et donc la capacité d'aimer. Il n'est rien au-dessus de l'Amour.
De même que tu désires en toi ce divin remède, réjouis-toi alors de ce que par toi mes enfants le reçoivent.
Par-là se fera l'éclosion de la charité.
Par-là se fera l'éclosion de la vie.

38

VOUS ÊTES LE SEL DE LA TERRE

« Vous êtes le sel de la terre. Mais si ce sel vient à s'affadir, avec quoi lui rendra-t-on sa saveur ? Il n'est plus bon à rien qu'à être foulé aux pieds par les gens. » Math 5-13

Mon aimé, mon prêtre,
Tu es le sel de la terre parce que tu portes au monde le remède contre la corruption ; cette corruption qui a pénétré l'humanité jusqu'à atteindre le plus intime de son âme. Elle veut la plonger dans la plus profonde des confusions, éteindre toutes illuminations de foi et d'espérance en elle, éroder et briser notre lien d'amour pour finalement conduire l'âme à la mort ! Et quant à toi, qui es prêtre, elle veut tout particulièrement affadir, enlever ta saveur, évider ma divinité de ton sacerdoce pour qu'ensuite tu sois foulé aux pieds et disparaisses dans la poussière.
Ce passage de l'Évangile prévient de cette stratégie inlassablement développée par le Mal. C'est pourquoi, mon aimé, Je te conjure d'entendre mon conseil : malheur à ceux qui se prennent pour des sages et qui se croient intelligents. Malheur à ceux qui ont plongé leurs racines dans une terre qu'ils ont laissée corrompre car elles tourneront en pourriture ! Ils n'auront plus de saveurs, ni de vertus. Aux premiers vents, ils seront déracinés et jetés à terre pour être foulés aux pieds, parce qu'ils auront laissé le mauvais qui est corruption recouvrir ce qui est bon, ce qui est sainteté, eux qui pourtant devaient préserver le bon du mauvais. C'est à leur suite qu'une multitude ne saura plus si le vrai est bon, tant le faux l'aura corrompu, déformé, dénaturé. Voilà quelle est la fourberie du Mal qui veut infester le prêtre.
Ainsi épuisée par tant de contradictions et de divisions, désabu-

sée, toute âme finira par perdre l'espérance de goûter à la saveur de la Vérité et risquera d'être coupée de la Grâce.

Mais ne craignez pas, vous les humbles car Je raffermis vos cœurs et J'écoute vos aspirations. Je vois votre chagrin et votre peine, Je vous regarde et Je vous prends en mains. Je ravive le sel de votre âme, de votre cœur, de votre esprit afin que là où vous vous trouviez, puisse être rongé la corruption qui veut se repandre.
Oui, comme Je prends soin de vous ! Mais prenez les dispositions nécessaires pour accueillir mes soins. Aimez à vous remettre entre mes mains par les grands moyens de la prière, de l'oraison et devant le Soleil Eucharistique, exposez-vous dociles et aimants. Là, laissez glisser votre cœur en mon Sacré Cœur, laissez sa divine Lumière vous éveiller afin que Je ne vous laisse pas vous endormir avec les morts ! Rejetez le mensonge qui tout corrompt ! Que de vos lèvres, il ne sorte pas de faussetés et, que vos oreilles ne permettent pas qu'entre en vous la fielleuse flatterie.
Mes aimés, vous mes prêtres, vous êtes le sel de la terre car, en vos mains consacrées reposent les sacrements qui préservent de la corruption et relèvent la vraie saveur de la vie. Vous en êtes à la fois les bénéficiaires par votre humanité et les dispensateurs par le sacerdoce que vous avez reçu. C'est bien entre vos mains que reposent ma Vie et ma Toute-Puissance. Placés au milieu de l'humanité, vous êtes ce sel qui préserve de la corruption et de la mort.

Je vous envoie, gorgés de ma saveur divine, pour recouvrir toute vie, comme on sale un aliment pour le garder frais et pur.
Comme le sel préserve de la corruption ce qu'il recouvre, vous assainissez la vie de mes enfants ; vous ranimez leur espérance, vous rehaussez la saveur de leur foi.
Mes chers frères, les sacrements sont le cœur de mon Église, car ils donnent la vie à tout le corps ; ils donnent le sel qui préserve.

N'en négligez aucun… Comme vous affadiriez votre sacerdoce en agissant ainsi ! Les sacrements contiennent tout mon Amour, ils ont jailli de mon Sacré Cœur transpercé.
Oui, vous êtes le sel de la terre et combien Je vous préserve et Je veille sur vous afin que par vous, toute l'humanité soit préservée.

Et bien alors, oui ! Soyez ce sel qui préserve par la sainteté de ses vertrus, qui parfume de ses saveurs divines la vie de qui le reçoit ; qui rend la foi savoureuse et bonnes les actions des hommes.

39

LE COURAGE

Mon aimé, mon prêtre,
De tout temps, le Mal a cherché à perdre l'homme. Sans connaître la lassitude que la chair endure, il renouvelle ses assauts sans fatigue ; il puise dans sa haine la motivation de ses actions.
C'est contre ce Mal, mon aimé, que Je t'ai appelé à lutter.
Oh ! N'espère pas vainement ne pas avoir à le combattre car celui qui s'illusionne est un insensé ! Mais ne t'inquiète pas car, Je connais ta fragilité et Je veille. Je saurai te dire lorsque nécessaire, comme Je l'ai fait et dit à mes premiers apôtres : « viens à l'écart et repose-toi un peu … ». Cependant, pour te soutenir dans ces combats, Je t'ai donné une arme puissante, le courage !
Ce courage trouve son audace et sa force dans la Vérité et sa persévérance dans la crainte du Seigneur. C'est ce courage qui soutient ton regard et le discernement de ton cœur afin de mieux comprendre la vie que tout homme traverse.
Mon aimé, c'est en méditant chaque jour mes exploits et les merveilles que J'ai accomplies, que tu sentiras s'affermir en toi cette sainte bravoure, car tu sauras que celui qui t'a appelé et que tu as choisi de suivre, est le Tout-Puissant ; c'est Lui qui marche avec toi.
Voir la Vérité et garder son œil pur est bien difficile, mais puisque tu t'es attaché à moi, les embûches des méchants échoueront. Ton courage trouvera sa persévérance dans ma fidélité. Pour toi, Je ne briserai pas mon alliance et Je ne modifierai pas ce qui est sorti de mes lèvres. Oui, mon prêtre, mon aimé que d'affronts pour toi, mon serviteur, mais aussi que de secours accourent jusqu'à toi. Ne suis-Je pas le Seigneur des armées ?
Ne suis-Je pas le Victorieux, le Roi des rois, le Maître des nations ?

Mon héritage repose en mon Sacré Cœur qui est ta maison ; plonges-y tes mains et disposes de ce qui te revient. Mais surtout implore mon assistance, persévère lorsque tu demandes mon secours ; la persévérance forge la grâce.

L'audace éclairée et le courage te sont nécessaires pour t'opposer à la pensée du monde qui cherche à désespérer l'homme, à le saisir pour le conduire à la mort.
Vois-tu, mon aimé, tout au long des siècles, bien des hommes et des femmes ont cherché la Lumière véritable pour les guider ! Pour cela, ils ont affronté haines et persécutions, car s'opposer au règne du mensonge demande un grand courage.
Mon prêtre, toi qui marches dans ma Lumière, tu confrontes les ténèbres qui sont un adversaire puissant. Que ton cœur soit droit et sincère et tu seras victorieux. Cette sincérité vient lorsque l'on défend ce que l'on aime. Plus l'amour que tu me portes est vrai et pur, plus ton courage sera grand et redoutable contre ton ennemi.

Oui, il te faut être courageux, car tu n'es pas le bienvenu dans ce monde. Mais n'entretiens aucun trouble, car plus tu me laisseras t'aimer, plus tu laisseras mon Amour prendre toutes ses dimensions en toi, plus ton courage grandira, car c'est dans l'Amour que grandissent les vertus.
Les pensées du monde portent-elles à la sainteté, c'est-à-dire à l'union sans distorsion avec la Divinité ? Non ! Ce qui porte à la sainteté vient de mon Cœur sacré qui est uni au Cœur Immaculé de ma très sainte Mère ; leur union a porté la victoire divine. En eux aucun mensonge, aucune fraude à la vérité et Ils t'appellent pour vivre en leur intimité.
Ah ! Ce Cœur immaculé de ma Mère ! Ce Vaisseau d'or dont les voiles se déployèrent pleinement et courageusement au vent de l'Esprit. Il reçut le Saint des saints en son Sein Virginal et tissa de sa chair chaste et pure, le manteau d'humanité dont Je me drapais.

Nos deux saints Cœurs se sont offerts, unis, fondus dans le brasier de l'Amour, pour le relèvement de chacun de nos enfants. Une offrande d'Amour courageusement soutenue jusqu'à son plein accomplissement.
Comme ma Mère a confectionné en son sein Virginal mon habit sacerdotal, sache qu'elle fait de même pour chacun de ses prêtres. Regarde cet habit, ne le néglige pas, ta Mère l'a tissé avec tout son amour. Elle a choisi chaque détail en fonction de ton âme ! Chaque habit est unique ! Souviens-toi au moment de ma Passion comme on cracha sur ce vêtement, comme il me fut rageusement arraché. Ainsi pour toi aussi, on voudra faire de même. On voudra t'enlever ton habit de prêtre, te dépouiller. Pour résister courageusement, recueille-toi et médite à ce grand don que t'a fait notre Mère et lorsque tu te vois pécheur ne te désepère pas ! Regarde saint Joseph, lui ne fut pas exempte du péché originel, il était comme toi, mais il a vaincu car Il a plongé son « fiat » courageux en la volonté divine et quelle consolation, quelle victoire il donna à son Créateur !

Mes prêtres, vous êtes les soldats du Christ ! Oui, vous l'êtes !

Mon aimé, mon prêtre, dans le métier des armes, personne ne s'encombre des affaires de la vie civile. Et moi, Je te le dis en vérité : si ton métier est de combattre pour le salut de tes frères, rejette les appels de la vie civile. Tu as épousé la cause de ton Seigneur, n'en épouse pas d'autre, tu ploierais sous le poids des fardeaux. Tu ne pourrais plus ni servir ton Maître, ni servir tes frères. En pensant gagner un avantage, tu mettrais sur tes épaules un joug écrasant. Tu n'aurais pas compris à qui tu as donné ta vie et quel est le sens de ce don !
Imite-moi !

40

SERVIR

Voici l'appel que J'adresse à mes prêtres !
Soyez saints, comme Je suis Saint !
Soyez lumière, comme Je suis Lumière !
Soyez vérité, comme Je suis Vérité !
Soyez miséricorde comme Je suis Miséricorde !
Soyez agissants en moi car en moi est contenue toute vie... Conduisez à la Vie !

Si vous cherchez la Vérité en dehors de moi, vous ne la trouverez pas.
Si vous cherchez la Vie en dehors de moi, vous ne la trouverez pas.
Je suis venu pour que vous ayez la Vie et la Vie en abondance !
Soyez débordement de ma Vie divine !
Soyez plus lents à agir que prompts à prier !

Mon aimé, tu dois savoir que lorsque tu pries, l'oreille de Dieu se pose contre tes lèvres ; Dieu s'incline jusqu'à toi mon prêtre pour ne perdre aucune de tes paroles. C'est pourquoi, Je désire que ton cœur soit pur afin qu'il soit paisible car
la paix que Je diffuse en toi, fait taire le brouhaha des tempêtes et donne à la voix de ta prière puissance et clarté.
Ta prière peut alors s'élever jusqu'au Ciel comme un encens de grande valeur.
Oh ! Mon fils, sache que ton Seigneur ne se détourne pas de ta supplique et n'a d'autre désir que de pouvoir te faire grâce et pour cela, J'œuvre afin que nos deux cœurs s'unissent, s'harmonisent toujours plus parfaitement !

Ne crains pas ! Purifie ton cœur dans le mien car l'impureté se défait comme la cire sous le feu de l'Amour divin. Encourage-toi dans le désir de la sainteté et réjouis-toi car ton cœur peut être sûr du mien.

Méfie-toi de ceux qui veulent t'éloigner de mon Sacré-Coeur, affaiblir ou détruire notre union ! Ces gens-là se réunissent et se flattent par leurs paroles. Ils cherchent à mettre en place leurs projets afin de satisfaire à leurs ambitions humaines parce qu'ils ne m'aiment pas. Ils me fuient, ils se cachent ; ils craignent l'Esprit, mais Je connais toutes les pensées de leur cœur, ils ne veulent pas la Vie, Ils veulent la domination sur la Vie et te dominer toi qui es prêtre, porteur de mon onction de Vie. Ils oeuvrent dans l'ombre afin que rien n'entrave leurs projets.
La cupidité les a liés, tout vous oppose car être prêtre, c'est tant aimer le Christ que le choix de le servir en premier est évidence pour le cœur et la raison ; être prêtre c'est avoir reconnu le Christ pour Roi, Seigneur et Maître ; pour le divin Sauveur, l'Epoux.

Moi le Dieu des délivrances, J'ai ouvert mes mains pour servir l'homme, à ton tour, toi ministre du Seigneur, ouvres tes mains et mets-les grandes ouvertes dans les miennes. Ici, il s'agit de servir l'homme afin qu'il soit arraché à la mort. Pour accomplir un si grand ministère, il faut agir avec la Toute-Puissance de Dieu, alors moi Je te dis : « Viens et rentre dans ma demeure. Prosterne-toi devant le saint Temple de tout ton cœur et sois avisé car l'arrogant ne tient pas devant moi.
Viens siéger à ma droite ! »

Mets ton cœur et ton esprit à l'épreuve en les mettant devant ma Face !
Expose-toi à mon regard !
Dis-moi : « Me voici Seigneur pour faire ta volonté !». Si tu fais

ainsi, Je te visiterai et Je te garderai car pour que vous puissiez servir vos frères, il faut que Je vous aie servis d'abord !
Oh ! Mes prêtres bien-aimés,
Acceptez de me recevoir tel qu'à vous Je me donne.
Acceptez que Je vous aime comme Je veux vous aimer.
Acceptez de me dire « Amen » en accueillant ma volonté en vous.
Acceptez de m'attendre dans vos actions quotidiennes... Ne partez pas seuls, sans moi !
Laissez ma sainte Face s'imprimer sur votre visage plutôt que de vouloir mettre votre face sur la mienne, car c'est bien de ma divine Gloire que Je dois vous revêtir. Ne vous avais-Je pas créé à mon image ?
Acceptez de me placer au cœur de votre vie en posant cette question : « Que veux-tu faire, mon Seigneur ?».
Ce que vous prêchez des Évangiles, n'oubliez pas que c'est aussi pour vous que cela est annoncé ... C'est lorsque Je suis pleinement en vous que vous pouvez me donner à vos frères et plus vous vous livrez à l'exigence de la Vérité, telle que l'Eglise et le dogme l'enseignent, plus votre sacerdoce sera flamboyant et allumera le grand feu de LA FOI dans les âmes. Votre parole sera vérité, on viendra de toute part pour l'entendre.
Que pourrait donner un homme qui ne possède rien ?
Comment pourrait-on réchauffer les âmes tièdes, si la suprême ardeur des Evangiles ne brûlent pas en soi et, c'est ce saint embrasement que J'allume en vous pour vous donner victoire sur victoire.
Demandez-moi cela !
Arrêtez-vous dans la prière et l'oraison !
Laissez-moi l'opportunité de vous répondre et de vous combler !
Chassez la tièdeur et les compromis !

41

LA SAGESSE

Mon fils, mon aimé,
Crois-tu que Je te laisserai aller seul pour parcourir la route de ton sacerdoce ?
Non, mon bien-aimé !
J'ai placé à tes côtés une alliée puissante, une force où se contient l'essence même de ma Divinité ! J'ai placé à tes côtés la Sagesse. La Sagesse chemine avec toi afin que sa présence t'illumine et éclaire ton chemin. C'est un avantage pour toi mais aussi une exigence car la Sagesse ne s'établit ni dans un cœur corrompu, ni dans un cœur tiède où l'intelligence s'est voilée. C'est par la clarté pénétrante de son rayonnement que tu discernes, en toi et autour de toi, ce qui est mensonge et ce qui est Vérité. La Sagesse jamais n'est bousculée mais pour toi, elle est toujours affairée. La Sagesse sait attendre car Elle connaît ton cœur et sa patience trouve son fondement dans l'Amour. Plus l'Amour est en toi, plus la Sagesse y est vive.

Comme une mère attentive, Elle veille à ce que rien ne manque à ton sacerdoce. Elle chasse la sottise qui est comme une herbe folle et qui cherche à étouffer les fleurs des divines Vertus qui lèvent dans le jardin de ton cœur sacerdotal. Pour toi, elle a dressé sa table et t'appelle afin de te servir et de t'entourer de ses soins les plus aimants, les plus avisés ; chaque prêtre est appelé afin qu'aucun d'entre vous ne soit privé des nourritures qui fortifient l'âme, le cœur et la chair. Elle aime à aiguiser ton esprit par ses enseignements et veut faire de ton quotidien et des choses simples de ta vie, le ferment fertile d'où se lèvera ta sainteté.
Mon bien-aimé, sa table t'offre tant de mets si précieux que le

malin cherche à t'en détourner avec obstination et ruse. Pour cela, il dresse aussi sa table qui te présentera abondance de mets attrayants. Cette table est la table du mensonge, tout y est faux et empoisonné, mais cette profusion est si attirante et semble si facilement accessible ! Tout flatte l'œil, l'esprit et l'ego.
Ne pouvant rien créer de saint, le malin cherche à plagier et à corrompre les nourritures que la Sagesse vous sert de toute sa bonté...Mais soyez avertis, jamais vous ne trouverez à sa table la saveur de l'humilité qui prend soin de votre pauvreté, ni même le goût de la charité qui sait attendre la conduite de l'Esprit pour agir.

De toute ta foi, de toute ta force et de tout ton courage repousse la séduction du mensonge en te souvenant que la Sagesse dépose aisément ses dons dans un cœur simple, qui ne craint pas la pauvreté et qui affectionne tout ce qui l'éloigne de l'orgueil. Sois vigilant car sous prétexte de « sagesse », on voudrait gommer toutes les oppositions, qui affrontent la Vérité. Mais n'oublie pas ma Parole : « Ne croyez pas que Je sois venu apporter la paix sur la terre ; Je ne suis pas venu apporter la paix, mais l'épée (...) » Matthieu 10 :34. La Sagesse n'est pas désarmée ! C'est pourquoi, la Sagesse est avec toi pour combattre le mensonge et la fallacieuse tolérance.
L'adversaire veut affadir la vérité pour corrompre la vie de l'homme ! Sous des prétextes de paix, il s'emploie à ramener le combat spirituel à un simple débat d'opinions ; il veut que l'Évangile soit une simple philosophie, une réflexion qui n'aurait pas plus de valeur que d'autres « sagesses » connues des hommes. Mais la Sagesse éternelle se révèle dans ma Parole ; méfie-toi que le Mal ne t'entraîne loin d'Elle, dans ses ténèbres. C'est pourquoi, consacre-toi tous les jours à mon Sacré Cœur et souviens toi de ta consécration tout au long de tes journées car c'est mon divin Cœur qui affûte la lame de l'épée de ma Parole, celle qui t'a été

remise pour trancher le vrai du faux.

Qui s'est mis à l'écoute de la Sagesse est avisé et le prêtre qui L'a prise pour conseillère et s'est mis sous sa conduite, verra son sacerdoce éclairé ; il conduira ses frères et sœurs jusqu'aux portes du salut éternel.
Bien sûr... Si tu aimes la Sagesse et que tu L'as prise pour te guider, tu deviendras l'ennemi et le révélateur du mensonge ; on te fustigera pour cela !
On te reprochera de vouloir la guerre et de ne pas être un instrument de paix.
On dira sur toi toutes sortes de mensonges ; on te dira fanatique, on te dira criminel.
On t'accusera avec les vertus que tu défends.
On fera de toi l'ennemi de « la charité » !

Mais moi Je te dis : « Ne crains pas !» Assieds-toi à la table de la Sagesse, c'est Elle-même qui te servira et te rassasiera. Elle te soutiendra dans ton quotidien et attisera ton courage.
Dans ses palais de gloire, Elle donnera ordre pour toi à ses serviteurs afin que tu sois escorté et que la lumière du discernement ne te manque pas. Elle te préservera des folies du monde qui sont comme des courants puissants qui emportent l'homme pour l'engloutir.
Alors, n'aie pas peur de choisir la Sagesse !
Ne crains pas de pénétrer en sa profondeur, à l'abri des vanités de ce monde car c'est là où Elle te conduit.
Si tu cherches la Sagesse, va frapper à la porte de mon divin Cœur car c'est là qu'Elle demeure.

En vérité, je te le dis, la Sagesse te portera dans tes faiblesses, Elle te nourrira dans ta pauvreté. Saisis la Sagesse et Elle t'élèvera au-dessus des mensonges de ce monde.

Mon aimé, laisses-toi enseigner par la Sagesse !
Sois saint et resplendis de la Gloire de Dieu, car là est bien la vie que tu as désirée, en choisissant de devenir prêtre. Plonge dans la Sagesse et tu feras descendre le règne de Dieu sur la terre, comme il l'est au Ciel.
Tout comme il n'y a qu'un Dieu, il n'y a qu'une Sagesse.

42

LUMIÈRE ET VÉRITE

Mon fils, frère bien-aimé.
Sois patient et écoute humblement ce que J'ai à te dire. Oui humblement, de tout ton cœur de pasteur car l'âme sacerdotale, Je la veux transparente aux clartés les plus majestueuses de mes divines Vertus. L'humilité est la porte de mon intimité qui aspire à se livrer à travers toi ; or, l'âme arrogante et orgueilleuse ne peut passer par une si petite porte, mais toi que J'ai appelé, courbe-toi humblement, écoute et viens !

Moi, Je suis la Lumière véritable et comme cette Lumière est éclatante ! Infiniment et parfaitement pure, sans aucune ombre ; en elle, aucune dysharmonie ! Je suis venu porter cette Lumière au monde afin que l'homme en soit éclairé et puisse recouvrer la vue ; la vue de l'esprit, de l'intelligence et du cœur.
Je suis venu pour que l'homme retourne en la Lumière, en mon intimité même.
Mais comment l'homme, habitué aux ténèbres, pourrait-il l'accueillir s'il n'avait à ses côtés un frère averti et prévenant pour le conduire ? Tu es ce frère, dont le cœur a été préparé et instruit en ma divine intimité. Par ta consécration, J'ai voulu que tu reçoives les éclatantes manifestations de mon Amour et qu'à travers toi, épanouies en ton humanité, elles puissent être offertes et facilement accueillies puis absorbées par le pécheur fragile et tourmenté.
Mon aimé, mon prêtre, que l'homme voit enfin se lever par ta présence, la clarté d'un jour nouveau qui le conduise avec douceur et habilité, au zénith de mon Amour.
J'éclaire pour séparer le mensonge de la Vérité.

Comment un homme pourrait-il recevoir un si pur éclat de ma divinité, sans être ébloui et apeuré ? Alors ensemble, nous ouvrons doucement le regard de son cœur et nous fortifions tous ses efforts de réveil par l'enseignement de la plus pure et parfaite Vérité.

Mon aimé, Je suis venu pour sauver tous les hommes… Tout homme pécheur.
Le péché a précipité l'homme dans les ténèbres ; haine, mensonges et confusions sont devenus les maîtres de ses sens et de tout son être. L'obscurité l'a recouvert.
Alors moi, Je suis venu pour déchirer ce voile de ténèbres qui recouvrait mes enfants comme un linceul d'ensevelissement !
Par l'onction sacredotale que tu as reçue, J'ai mis tes mains dans mes mains afin que tu arraches mes enfants de ces tombeaux où le Mal a enseveli leur intelligence, fermé leurs yeux, éteint leur espérance.
Ton onction sacerdotale est une onction de lumière… lumière levée au milieu des nations et tu dois dénoncer le péché sans accabler le pécheur. Tu portes témoignage à cette Lumière et la Lumière est Vérité.
Qui pourrait-être sauvé s'il ne regagnait la rive de la Vérité ? Comme est belle la Vérité, comme Elle est intègre ! L'âme sacerdotale doit aussi être intègre, sans cela comment pourrait-elle porter cette Vérité au monde ?

Garde-toi du mensonge ; le mensonge est obscur, il éteint les lieux où il rentre. Comme une brume sombre et malfaisante, il rampe vers l'homme et sait se faufiler par la plus anodine des occasions, il illusionne … Mais la Vérité est la lumière qui terrasse l'obscurité du mensonge, tu en fus revêtu lorsque ton l'esprit a été consacré à l'Amour infini.
Mon prêtre, Je t'ai choisi pour porter cette Lumière dans le cœur de l'homme afin que l'homme puisse se réjouir de cette clarté et

goûter à ses fruits. Mais pour que cela soit possible, imite l'humilité de ton Maître et chasse le mensonge en toi. L'humilité de mon Sacré Cœur est redoutable ; Je te la donne en partage ! L'humilité n'est pas faible, elle est Toute-Puissante. Beaucoup pensent être humbles et adoptent des attitudes qui semblent humbles, mais ils se trompent et vous trompent si leur vie n'est pas en tout point conforme à la Vérité, si leur vie ne s'est pas fondue en la Vérité ; or ma Parole est Vérité.
Oh ! Je sais, la perfection de la Vérité vous affole et vous la voyez inatteignable, mais l'humilité vous la rend si accessible. Qui s'emploie à demeurer en état de grâce est en moi et moi Je le porte en ma perfection ; il demeure dans la Vérité.

Vois la flamme de la bougie, aussi humble qu'elle soit, elle éclaire la nuit la plus sombre parce qu'elle n'est que lumière vive et pure. Elle est embrasement, incandescence. Ainsi toi, mon choisi, je t'appelle à me donner ton cœur de prêtre, aussi humble et pauvre qu'il soit, afin que Je l'embrase dans les flammes de mon divin Amour et qu'il devienne telle la vive flamme de la bougie.
Par l'offrande de ta vie dans le plus confiant abandon, Je t'enflamme de mon Amour et je te libère du mensonge afin que ton amour soit pure Vérité. Tu étincelleras pour le salut de tous ; auprès de toi, les hommes ne seront plus perdus, ni aveugles mais ils recevront par ta présence, ma Lumière.

Je désire faire de toi, par ton acte de consécration à mon Sacré Cœur, un chaleureux foyer d'Amour et de Vérité. Ainsi, tout homme apaisé auprès de toi ne craindra plus de recevoir la vive clarté de mon Amour.
Mais la Lumière ne peut se mélanger avec les ténèbres, tout comme l'ardeur ne peut se fondre dans la tiédeur ; alors ne monnaye pas ma Divinité avec l'esprit de ce monde que tout corrompt et affadit.

43

REVÊTU DE MA GLOIRE

Mon fils, frère bien-aimé.
Tu as été choisi entre tous les hommes pour porter l'habit sacerdotal ; cet habit, cet ornement dont Je t'ai revêtu, n'est autre que ma Gloire divine. Cependant n'oublie pas mon aimé que cette gloire, qui repose sur toi par l'onction sacerdotale, t'est donnée pour sauver l'homme, pour le servir dans sa faiblesse et le relever dans sa misère. Plus qu'un vêtement, cet habit est devenu une chair nouvelle pour toi.
Laisse-moi encore t'instruire, toi le dispensateur des trésors du divin Amour, car Je suis ton bien le plus précieux et il me plaît de te combler de mes bienfaits. Mon aimé, ainsi vêtu, Je veux t'amener sur les chemins de ton sacerdoce et si tu es attentif à mes lois, ma Gloire te donnera la prospérité en toutes tes œuvres.
Accepte ma Gloire simplement, l'humilité te la rendra légère ; c'est avec elle et par elle que l'homme recevra son salut.
Avec elle, tu iras renverser les tours que l'orgueil a élevées et les remparts fortifiés de l'apostasie.
Avec elle, la vanité qui est la lèpre de l'âme, sera nettoyée ; tu poseras le pan de ton habit sur les nuques raides, elles relâcheront leurs tensions et les cœurs trouveront la paix.
Parce que tu es prêtre, ma Toute-Puissance t'a oint jusqu'au plus profond de ton cœur ; Elle repose entre tes mains, prête à agir, à dispenser ses bienfaits.
Qui pourrait sonder cette Puissance ?
Qui pourrait soutenir Celui qui soutient tout ?
Et cependant, toi qui es comme le vase d'argile, tu me contiens.
Entre mes mains, contre mon divin Cœur, Je préserve ta fragilité ; Je suis si vigilant pour toi.

Oui, Je suis comme le potier et entre mes mains habiles, Je façonne et lève ton sacerdoce. Sur toi qui es poussière, Je lance l'eau de l'Esprit et te voilà une coupe d'élection où Je me déverse ; Je suis avec toi, uni à toi… Je suis pour toi !

Oui mon fils, ils ont soif les hommes, nos enfants ! Ils ont soif de ma présence et Je vais porter à leurs lèvres ta coupe d'argile pour étancher leurs soifs. Ils vont te saisir entre leurs mains, comme ils m'ont saisi. Tu ne t'appartiendras plus, mais tu seras dans la joie car tu sentiras combien tu es utile ; combien la vie coule et irrigue à travers toi.

Cependant, sois vigilant ! Qu'adviendrait-il si tu regardais cette Gloire comme ton bien propre et que ton œil se tourne, non plus vers Celui qui te la remise pour servir ton prochain, mais vers toi-même, pour toi-même ?
Ne garde pas tout ce que tu as reçu pour toi, en vue de nourrir ta satisfaction personnelle car tu figerais, tu glacerais le don de ma présence en toi ! Certes, il te resterait l'onction mais, puisque par ton repliement, tu ne la laisserais plus se donner ni se vivifier en moi, elle ne porterait plus l'abondance de ses bienfaits ; elle serait comme le filet d'eau qui se faufile à peine encore derrière la retenue d'une source abondante. Alors, ma Gloire, qui en vérité te porte et t'élève par la communion de nos deux cœurs, deviendrait un fardeau écrasant, mortellement écrasant. Tu sentirais la sécheresse presser tout ton être. Voilà ce qui t'arriverait si tu décidais de saisir ton sacerdoce pour toi seul… De le porter et le diriger toi seul.

Ton « oui » sacerdotal est comparable à la goutte d'eau qui plonge dans le calice où J'ai versé mon Précieux Sang ! Et comme cette goutte étanche ma soif ! Le « oui » sincère est libre et, il est Amour. Il n'est pas toujours simple ni facile à donner mais il est le fruit de l'Amour. On ne peut contraindre l'Amour à aimer et cependant, ton engagement, tous tes engagements doivent être des actes d'Amour. Ils unissent l'humanité au don total de mon Amour. La goutte qui se livre librement dans le calice… Elle y met toute sa saveur. J'aime la saveur de ton engagement. Je désire ta présence en moi. Je désire accueillir ton cœur sacerdotal et le sentir rayonner en moi, avec moi. Aie confiance en moi ! Une ou quelques gouttes de ta bonne volonté et de ta loyauté suffisent pour que se distribuent les trésors de ton divin Jésus.

44

SIMPLICITÉ ET VÉRITE

Mon fils, frère bien-aimé.
Je vois et Je connais l'homme, je sais son besoin de reconnaissance.
Sur le chemin de sa vie, il ne cesse de chercher dans le monde et ses richesses ce qui lui donnera confort, approbation et le respect de ses frères ; tout ce qui pourra nourrir sa satisfaction personnelle, l'aider à prendre conscience de sa vraie valeur. Cette satisfaction est bonne si elle a pour maitresse la Sagesse de Dieu qui donne la juste mesure à toute chose. Cependant mes enfants, soyez vigilent, car ce besoin de recouvrer sa valeur et son identité peut devenir tentation si elle conduit à s'aimer soi-même sans aimer Celui qui vous a donné la vie et gratifié de dons. Ce travers de la reconnaissance est tapi dans le cœur de l'homme, toujours prêt à jaillir ! Et même vous, mes prêtres qui travaillez pour un Royaume qui n'est pas de ce monde, vous n'en êtes pas préservés. Mais mon Amour est vigilant et Je regarde chacun, J'ausculte son cœur ! Je suis un Dieu jaloux…
Comme vous savez déployer de grands moyens pour conquérir les satisfactions du monde et faire bien des sacrifices pour arriver à vos fins ! Comme vous savez alors être persévérants dans vos efforts ! Mais en agissant ainsi, vous rentrez dans les rouages d'un monde perverti, sans vous en apercevoir et vous en devenez captifs. C'est alors qu'emmêlés dans les manigances de ce monde perverti, vous vous éloignez de la simplicité où toujours s'exerce la divine Providence. La simplicité dont Je vous parle ici est de Dieu ; elle est Dieu. Simplicité n'est pas synonyme d'indigence, ni de naïveté ! Plus l'âme est établie dans la confiance, plus elle comprend la simplicité divine qui agit librement en un instant

pour vous libérer, pour vous prodiguer ce qui vous est nécessaire, pour redonner sa fraîcheur à votre cœur, ranimer la joie ! Pour que se rebâtisse en vous votre identité véritable et que vous compreniez en vérité quelle inestimable valeur vous avez à mes yeux.
La simplicité vous rend libres ; c'est parce que vous êtes libres que vous pouvez agir selon les voies de l'Esprit.
Plus vous désirez la simplicité, plus le don de Dieu se révélera en vous et à travers vous avec toute sa dimension.
La simplicité ne cache rien ; elle est douce et candide comme la colombe. Elle est si lumineuse que les ténèbres ne peuvent soutenir son éclat. Elle va toujours unie à la Vérité et l'une et l'autre se complètent et triomphent de toutes les adversités. La simplicité éclaire et allège, la Vérité purifie et redresse. La simplicité divine est toute-puissante.

Le prince de ce monde sait utiliser votre humanité blessée, instable, pour vous enchaîner, vous emmêler dans ses mécanismes compliqués et pervers ; il veut vous éloigner de moi, de la simplicité de mon don.
Il veut vous éloigner du bonheur que Je fais émerger des choses les plus simples, les plus humbles, les plus vraies ; du bonheur d'être prêtre ! De ce grand don que vous avez reçu !

Ah ! Mes frères bien-aimés ! Comme la simplicité rend libre ! Oui, Je désire vous voir libres pour pouvoir agir à ma suite. Entendre que votre « Non » soit « Non » et que votre « oui » soit « oui ». Je suis venu vous donner cette liberté et Je vous appelle à la donner à vos frères ! N'est-ce pas la première chose que Je fis… libérer mon peuple captif afin qu'il se mette en marche vers la Terre Promise.
Ah oui ! Cette simplicité divine est aux portes de vos vies, au bout de vos mains ointes.

Simplicité qui est mienne et dont Je vous ai revêtus car voyez-vous, ce sont bien de mes attributs divins qu'est tissé votre vêtement sacerdotal et vous vous en laisseriez dévêtir en préférant des guenilles lourdes, vieilles, qu'un monde perverti et corrompu, voudrait vous rendre attrayantes ?
Vous tronqueriez l'infinie grandeur de Dieu pour les pacotilles du monde ?
Oh ! Non, mes fils bien-aimés ! Ce serait, comme choisir pour animer votre vie, un cœur moribond et infecté ! Vieilli et souillé, il finirait par corrompre tout le corps. Ne serait-il pas préférable de choisir mon divin Cœur que Je ne cesse de vous livrer et présenter si simplement ? C'est par la voie de la simplicité que se réalisera cette greffe entre vous et moi.

Vous êtes pauvres à l'image de cette étable où Je naquis, mais moi le Messie, J'ai choisi de naître au milieu de cette pauvreté, dans la froideur de ce monde ... au milieu des cœurs blessés. Oui, Je naquis dans la pauvreté et l'indigence mais dans les bras de Marie et sous la protection du cœur très chaste et très pur de Joseph !
Ces deux grandes lumières placées au cœur de l'humanité éclairent pour vous ce chemin de simplicité par lequel Dieu s'unit à l'homme.
Drapés de ma simplicité, vous pourrez aller partout dans ce monde et aucune de ses hauteurs ne vous semblera enviable, ou inaccessible, car vous serez libres. Mais dans ces palais du monde vous découvrirez tant de misères profondes ! Par la simplicité et la liberté, vous ferez pénétrer ma Miséricorde divine partout !
Voilà, mes chers fils ! Simplicité et Vérité sont l'armure de l'âme sacerdotale.

45

L'ÉGLISE

Mon fils, frère bien-aimé, Je t'interroge :
Qu'est-ce que l'Eglise et que sont les églises, ses édifices de pierre, de bois, de boues séchées, de branchages ?
Pourquoi sont-elles là, dressées au milieu de l'humanité ?
Elles sont les demeures du Très-Haut ; elles sont tes demeures. Dieu les a élevées pour son peuple, pour donner à son peuple un asile, un lieu où il peut communier et s'unir avec son Créateur car en l'église repose ma Très Adorable Présence Eucharistique et toi, tu es le ministre de ces lieux.
Elles sont terre promise où Dieu conduit l'homme pour lui procurer le repos et lui donner l'abondance de ses bénédictions. Elles sont lieux de rencontre comme le fut la tente d'Abraham ; le lieu où Dieu donne sa Vie au plus intime des entrailles humaines, là où jadis le péché avait mis malédictions et stérilité, il y fait descendre tout son Amour, toute sa miséricorde. Tente de la bénédiction où est dressé le Saint Autel sur lequel l'Agneau sans tâche s'offre en sacrifice pour le salut des hommes. Lieu saint où Dieu visite son peuple ; oui mon fils, là se tient l'Eglise !
Mes églises sont des lieux uniques au cœur de l'humanité où Dieu se révèle ; elles doivent être lieux d'intimité et de sincérité. Mon aimé, mon prêtre, dans mes églises, ma divinité attend chacun de ses enfants patiemment, disponible pour l'accueillir. Oh ! Eglise refuge donné aux hommes, Arche de salut où repose Celui qui porte tout ; là siège le divin Sauveur des hommes, le Christ-Roi ; là est la compassion divine toujours offerte.

Là où Je suis, Je reste toujours disponible pour donner ma Paix, ce don si précieux ! Quelle humanité pourrait donner la Paix véri-

table et vaincre les tempêtes qui blessent et épuisent l'homme ? Seule ma divinité peut vaincre les tourments de votre humanité et Je ne refuse pas ma Paix à l'homme au ceur sincère lorsqu'il prénètre dans l'église où Je siège ; c'est ainsi qu'il pourra goûter à la saveur unique de l'Amour.
Mais toi mon prêtre donnes ma Paix à qui vient à toi puisque, par ton sacerdoce, elle demeure au milieu de toi.

Église, édifice aussi simple que tu sois, tu es le don de Dieu aux hommes.
Tu es ce puits biblique autour duquel Israël, le peuple béni, se regroupait et édifiait sa vie ; Il y puisait l'eau vive qui le désaltérait et qui fertilisait sa terre. Aujourd'hui, c'est moi, le Christ Rédempteur et Sauveur, qui suis au milieu de vous et qui vous donne cette eau vive et cette eau vive coule de mon Cœur transpercé en ton cœur sacerdotal afin que soit étanchée la soif des hommes.
En ces édifices où Je suis, Je désire accueillir tout homme car tout homme ne sait pas que Je puis le sauver mais moi, Je connais le besoin de salut de tout homme !
Accueille donc chacun de mes enfants en te souvenant que tu me donnes à celui qui vient à toi ; fais-le comme moi Je le ferais. Je suis le bon Pasteur et Je désire que tu le sois aussi pour mes brebis, que tu sois au milieu de mes brebis afin de veiller sur elles, de les défendre et mettre ma miséricorde là où le péché avait mis la condamnation. Je désire que tu conduises l'âme à l'état de grâce qui est le but la miséricorde divine. L'Eglise est le lieu du grand réveil ; certains de mes enfants préféreront rester dans les ténèbres ; ne sois pas ténèbres avec eux, mais sois Lumière au cœur de leurs ténèbres.
L'Eglise est comparable à la bergerie où J'appelle à l'abri chacune de mes brebis et votre cœur de pasteur, mes prêtres bien-aimés, est le berceau où Je fus offert aux hommes ; le lieu béni où l'homme doit pouvoir contempler et rencontrer son divin Sauveur.

Comme J'étais sur la barque au milieu de la tempête, Je me tiens dans le tabernacle de l'Eglise. J'attends en ma Toute-Puissance, de recevoir les tempêtes des hommes pour imposer la victoire de ma Paix.
Église ! Lieu privilégié où mes enfants découvrent et apprivoisent la vraie dimension spirituelle et ses espaces infinis ? Le lieu où l'âme devrait s'éveiller dans l'émerveillement et la contemplation des bienfaits que Dieu donne à son peuple ! Moi, Je vous le dis : habillez vos églises de beautés et de splendeurs ; les palais du Roi sont pour la joie de ses enfants.
Emerveillez-vous en mes beautés !

Faites taire l'ennemi de la sainteté qui voudrait, sous le prétexte de la fausse humilité, vous dessaisir de la grandeur et de la majesté de Dieu ! Dieu aime la majestueuse beauté qui témoigne de l'extraordinaire de sa Sainteté dans un monde où la fade médiocrité veut s'imposer à l'homme. Ne vous laissez pas dessaisir, mes ministres choisis, ne laissez pas mon culte être désacralisé car il doit témoigner dans la pure tradition de l'Eglise, de ma divinité victorieuse. Revêtez cette noblesse divine en vos liturgies ; fleurissez vos autels, habillez-vous de belles et précieuses étoffes car vous témoignez et revêtez d'une Royauté qui n'est pas de ce monde, mais qui est bien au-dessus de ce monde ! Une Royauté de splendeurs et d'harmonies suprêmes ; une Royauté au-dessus de toutes royautés, une autorité au-dessus de toutes autorités !
Oh ! Non pas qu'il faille sacrifier à la folie d'apparats inconsidérés ! Que chacun fasse selon le lieu où il est placé et selon ses moyens car ce qui rend l'œuvre belle et admirable, c'est l'amour et le soin avec lesquels elle a été réalisée, ainsi que la façon dont on la considère.
Sachez que si vous faites toutes choses dans un désir d'amour, alors l'Amour s'unira à vous et vos actions porteront son onction ; sa beauté et ses divines Vertus vous entoureront. Oui,

donnez la beauté à mes maisons car elle ouvre les cœurs à la contemplation et la contemplation vous empêche de vous refermer sur vous-même, sur la seule dimension humaine. Dans mes églises, vous devez élever les cœurs. Oh ! Comme le cœur de l'homme désire cette élévation qui l'attire vers moi. Le cœur de l'homme me cherche… L'amener à moi, là est la vocation des églises !

46

RENDRE TÉMOIGNAGE À LA VÉRITE

Proverbe 24 – 23-26 :
« Voici encore ce que disent les Sages : Être partial dans un jugement, ce n'est jamais bon !
Quiconque dit au coupable : « Tu es innocent » sera vilipendé par la foule, honni par les nations.
Mais à ceux qui sanctionnent, on saura gré ; sur eux viendra une heureuse bénédiction.
Il donne un vrai baiser, celui qui répond franchement. »

Mon fils, frère bien-aimé,
Cette parole doit tout particulièrement rejoindre ton cœur de prêtre, car ta vocation t'appelle à confondre le péché, à le démasquer là où il est pour libérer celui qui aurait livré sa vie au Mal et au mensonge, ou serait touché par sa perversion. Prêtre, ministre du Très-haut, ta voix doit proclamer la vérité et ta franchise doit être impartiale.

Chaque jour, avec amour et miséricorde, Je visite ton âme sacerdotale pour qu'elle soit le miroir de ma divinité et que quiconque en se plaçant devant toi, puisse voir le reflet de son cœur tel qu'il est, qu'il soit juste ou injuste. Comment choisir le bien si l'on ne connait pas le Mal et ses conséquences ?
Bien sûr, dénoncer l'injustice n'est pas facile dans un monde où sont accueillis et acceptés la corruption et le mensonge, dans un monde où le méchant bien souvent domine avec autorité, par la violence, la dissimulation et l'hypocrisie. Quel est l'homme qui,

dans sa faiblesse, pourrait s'opposer à une telle corruption ?
Mais toi, mon prêtre, tu es cet homme élevé au milieu des hommes qui témoigne de la Vérité et dénonce le crime.
Tu chancelles devant mes paroles ?
Ne crains pas ! Donne-moi ta faiblesse et laisse-moi te donner l'Esprit-saint, le divin Paraclet, accomplira en toi ce qui est impossible à l'homme. Conduit par Lui, amour et vérité se rencontreront dans ton ministère, justice et paix s'embrasseront joyeusement.
Comme mon divin Cœur souffre de voir mes enfants tordrent leur nature, la laisser se corrompre jusqu'à ce que le suc empoisonné de la méchanceté, de l'injustice, gouttent de leur cœur pour aller infester tout leur être.
Progressivement, les frontières sont gommées entre ce qui est bien et ce qui est mal et finalement, justice, vérité et bonté finissent par être regardées comme faiblesses. C'est ainsi que mes enfants se font tromper et lier. On rejette l'exigence douce et humble de la sainteté, pour accueillir le joug pervers et autoritaire du péché qui conduit à la mort. Et pourtant, les cœurs avides de salut, cherchent désespérément celui qui saura dénoncer ces menteries criminelles et briser cette dictature du mauvais. Oui, dans ce bouillonnement de corruptions et de folies, l'âme crie son ultime espérance vers l'homme au cœur droit et pur, elle cherche l'homme qui se tient au-dessus de ce cloaque de corruptions.
Qui aura donc la force de se lever pour dénoncer le Mal et le mensonge ?
Qui donc aura le courage de dénoncer ce que beaucoup voient sans oser parler ?
Celui qui a l'Amour, car celui qui a l'Amour, Je suis tout à lui et Je tiens sa conscience dans la lumière de la Vérité.

Moi, Je t'ai servi, mon prêtre, une large et profonde mesure de mon divin Amour afin que la force et le courage ne te manquent pour te livrer à l'Amour et aimer car aimer c'est aussi dénoncer et combattre ce qui tue l'âme. Alors va et restaure la Vérité là où la corruption s'est installée. La corruption vient lorsque la Loi divine est méconnue, déformée ou encore retirée au profit d'une voie de salut « humaine ». C'est pour cela que tu t'es livré à ma suite, car il n'y a pas de plus grand amour que de livrer sa vie pour ceux qu'on aime.

Pour éclairer son discernement, la Loi de Dieu est donnée à l'homme et, en ton cœur sacerdotal, Elle est un feu tout particulièrement éclatant ; plus tu veilleras à garder pures ses préceptes, plus tu verras se déployer dans ton ministère sa force et son autorité. Elle est la lumière qui déchire les ténèbres et révèle le mensonge par l'éclat de la vérité. Elle met en toi la force de ma Vie, afin que le sommeil pervers ne ferme pas tes yeux et que ton cœur ne puisse pas se résoudre à la perfidie du mensonge… Que ton regard sache discerner la clarté, des ténèbres. Mon aimé, la Loi divine fait battre le cœur de ton sacerdoce.

Mon prêtre, pour tenter d'éloigner l'homme qui s'est attaché à la Loi de son salut, l'esprit corrompu et perfide l'accuse de manquer à la charité et à la miséricorde ; quant à toi, si tu gardes ma Loi en Amour pur Vérité, il te reprochera ton rigorisme ! Sous le prétexte habilement perverti de ne vouloir condamner ou exclure personne, l'esprit de ce monde propose que chacun puisse conduire sa vie en se justifiant lui-même. C'est, ne pas avoir compris que la Loi est donnée pour combattre sans compromis la corruption qui mène à la mort !
Toi pasteur de mes brebis, tu es appelé à dénoncer la corruption du péché pour sauver le pécheur car c'est bien le péché qui est l'ennemi.
Tu dois dire : Ceci est anathème, ceci est malédiction ou ceci est bénédiction.

Tu dois dire : Tu es injuste et mauvais ou tu es juste et bon en faisant telle ou telle chose.
Les hommes qui combattent la Loi, parce que la Loi dénonce leurs agissements mauvais, ne vous aiment pas mes prêtres, parce qu'ils n'aiment pas la Vérité. Ils ne m'aiment pas, ils n'accueillent pas mon Amour en eux. Mais vous mes prêtres, c'est mon Amour qui vous a consacrés ; c'est pourquoi vous pouvez aller reprendre le méchant et dénoncer son mensonge car rien n'est plus fort que l'Amour ! C'est lui qui vous rend hardis.

Mon prêtre, serviteur sacré de la Vérité, si Je t'envoie c'est parce que tu as les mains chargées de bonnes bénédictions pour ramener à la Vérité la brebis égarée.
Pour sauver et discerner, J'ai mis ma puissance entre tes mains comme on confie un arc à l'archer habile. Devant l'adversaire menteur, tu banderas, face à lui, la corde de ton arc et il s'enfuira devant toi. Tu l'atteindras au cœur l'esprit arrogant, le vil menteur !

Si nombreux sont mes enfants qui se font enchaîner, car ils ne connaissent plus ni ma Loi, ni le péché, ni mon Amour pour eux ! Comment peuvent-ils se défendre ? ils sont plongés au milieu de grandes confusions. Ils ont tant besoin de retrouver la paix, de goûter à ma douceur, à ma tendresse et pour cela de mettre sous leurs pieds, le roc de mes commandements.
L'adversaire a fait croire à l'homme ignorant que la Loi de Dieu est l'ennemi de sa liberté, mais la Loi que Je suis venu donner aux hommes est un bouclier, une forteresse ; elle éclaire et préserve sa liberté. La liberté sans sagesse est aussi dangereuse qu'une nuit sans lumière pour éclairer ses pas. La Loi de Dieu est l'échelle qui conduit jusqu'à son Royaume. Tout homme doit l'emprunter pour y entrer ; ma miséricorde l'escorte et assure son escalade. Or, plus son existence est conforme à la Loi, plus Je puis le maintenir en état de grâce et plus il s'élèvera aisément et sûrement sous ma protection.

Bien sûr, mon aimé, la Loi est exigeante pour l'homme, mais n'ai-Je pas dit : « Soyez parfait comme mon Père est parfait ! » car rien de corrompu ne peut rentrer dans le Royaume de mon Père. Je suis là pour accomplir la perfection de la Loi en l'homme et le porter jusqu'à son salut éternel.
Le péché te combat et t'affronte parce que la Loi divine affronte et combat le péché ! Mais ta main ointe atteindra ton ennemi. Tu déverseras le flot de mes bénédictions là où la mort avait asséché et aigri.
Tes lèvres doivent dire la Vérité, ton sacerdoce doit dire la Vérité ; dès que tu parais, la perversion doit gémir comme le bois mort que l'on jette au feu... Si tu es resté fidèle à ton Seigneur alors par toi l'espérance refleurira. Seul un amour sincère entre nous peut soutenir cet effort d'une vie.

Le monde fait procès à l'Église, à vous mes prêtres et vous condamne pour n'être pas assez « humains », simplement parce que vous vous opposez au péché et au mensonge qui a pénétré et perverti l'humanité. Et moi, Je vous dis que ce n'est pas la Loi de Dieu qui est inadaptée à votre nature d'enfants de Dieu, mais c'est le péché qui est inadapté à Loi de Dieu ! Et c'est cette confusion que vous devez dénoncer car tout ce qui vient de Dieu est fait pour le bien de l'homme. C'est en notre union d'Amour que vous trouverez la force de le faire.
N'oublie pas que la Loi est Amour !

Mon cher fils, sois ferme lorsqu'il s'agit de sauver ton frère du mensonge et de la perdition ! Car si toi qui portes la Lumière au monde, tu n'éclaires pas celui qui erre dans l'obscurité.... qui viendra à son aide ?
Si tu aimes ton frère en vérité, tu ne craindras pas de témoigner de la Vérité ! Mets tes pas dans les miens ; Je n'ai fait aucun com-

promis avec le mensonge qui est l'arme des méchants.
Le mensonge est un pain empoisonné.

A ma suite, repousse satan et ses œuvres et ne crains pas de dénoncer ses stratagèmes mortels ! Dûsses-tu recevoir l'opprobre d'un monde corrompu pour cela et même livrer ta vie. Dieu aura vu que tu te seras courageusement offert pour le salut de ses enfants bien-aimés et Il te bénira pour cela.
Je t'ai appelé à donner une réponse juste à l'homme qui te questionne, tout comme mon Église doit le faire ; une réponse simple, vraie et sage ; la réponse de la Parole de Dieu, la réponse de mon divin Cœur.
Alors, prie et vis uni à mon Sacré Cœur et l'Esprit-Saint posera sur tes lèvres les justes paroles.
L'Esprit-Saint t'a recouvert, il embrase ton courage.
Souviens-toi, Je t'ai déjà dit que ce n'est pas pour être aimé de ce monde que Je t'ai élevé au sacerdoce et tu témoigneras en vérité, si tu cesses de rechercher l'affection du monde.

Souviens-toi ! Seul celui qui aime en vérité ne craint pas de confronter le mensonge.
Aime-moi totalement, pleinement, comme moi Je t'aime. Ne me partage pas avec le mensonge. Garde ton cœur entier pour ton Seigneur et tes jugements seront éclairés pour le salut et la joie de ton prochain !
On te bénira car tu auras fait du bien.
Souviens-toi, J'ai donné à mes enfants ma divine Miséricorde pour les délier du péché et non pas pour les lier. Miséricorde n'est pas mensonge et charité n'est pas tiédeur.

47

OUVREZ LES PORTES DE JUSTICE

Isaïe 45-1 6 « Je t'ai pris par la main droite, pour faire plier devant toi les nations, pour défaire la ceinture des rois, pour ouvrir devant toi les portes et que les portails ne se ferment plus. »

Mon fils, frère bien-aimé, J'ai choisi cette phrase pour toi.
En elle est révélée ta vocation sacerdotale.
Une vocation pour renverser les puissances de ce monde et faire plier les nations.
Une vocation qui ouvre les portes du salut aux hommes.
Une vocation qui défait la ceinture des rois.
Par ta consécration sacerdotale tu as mis ta main droite dans la mienne ; la main droite qui à la fois reçoit et donne. Là est bien la signification du sacerdoce. Que mes œuvres soient tes œuvres et pour cela, en vérité Je te le dis, ma force et mon autorité reposent en toi.
Le sacerdoce t'a revêtu de ma Puissance pour aller porter le don de la Rédemption aux hommes pécheurs, pour leur donner de bonnes bénédictions, pour illuminer le monde.

Voilà donc que J'ai ta main dans la mienne et Je t'emporte avec moi pour accomplir les œuvres du salut. Ces oeuvres qui appellent les nations, les rois et les puissants à remettre leurs pouvoirs aux pieds du Christ Roi, à écouter ton enseignement sacré et à se plier à mon autorité divine. Parceque Je me suis uni à toi, ma Toute-Puissance se déploie dans le monde à travers toi. Comme cela est déroutant pour tant d'hommes et de femmes. Comment comprendre cette autorité unique qu'ils perçoivent en toi, sans me reconnaître ? Ce chemin de sincérité et de vérité ne peut pas être emprunté par tous et c'est pourquoi tu dois supporter tant de persécutions. Ne crains pas ceux qui s'attaquent à la vie de la chair, mais crains plutôt celui qui voudrait t'enlever cette autorité sacrée que Je te donne et voir ton âme sacerdotale mourir.

Mon prêtre, Dieu ne t'a pas envoyé pour négocier avec le monde, mais pour soumettre à mon autorité suprême, les puissances de ce monde qui retiennent captifs nos enfants bien aimés.
Tu connais, mon frère, la perversion du monde.
Des nations et des rois même se sont levés contre Dieu et aujourd'hui encore se lèvent. Ils se sont rendus puissants par la puissance que donne les richesses du monde, ils ont conforté leur règne corrompu en accusant le « silence » de Dieu, mais le temps de Dieu n'est pas celui des hommes. Ils ont voulu lui ravir son autorité, ils ont trompé l'homme aveugle et l'ont asservi. Ils lui ont promis protection et sauvegarde pour le détourner de la paternité divine. Ils ont tenté de ravir aux enfants du Père ce que le Fils, l'Esprit-Saint et la Loi divine sont venus rétablir : leur filiation. Ils ont fermé les portes du salut et s'efforcent de les garder closes. Ils ont élevé des empires toujours plus hauts vers le ciel… pour nourrir leur orgueil et leur cupidité.

Ce sont ces nations et ces puissances arrogantes et corrompues que ton sacerdoce fait trembler. Elles te regardent comme rien. Elles me regardent comme rien, mais chaque instant de la durée de leur vie n'est que le témoignage de ma patience et de ma miséricorde, qui sans cesse espèrent et travaillent à leur salut. Oui, au milieu d'elles, Je t'ai amené afin qu'en ma Toute-Puissance, elles saisissent la Rédemption que Je suis venu porter à tous.
N'est-ce pas cette Toute-Puissance divine dont tu es le témoin lorsqu'après avoir reçu le sacrement du pardon et de la guérison, un de mes enfants sort du tombeau de pierre, où l'empire du

péché le tenait sous sa domination ? Sa puissance s'est soumise à ton ordre car ta main est dans la mienne et ton cœur sacerdotal donné au mien ; veille à cela.

Mon fils, tu portes la Toute-Puissance divine comme ceinture sur tes hanches et tu peux aller te présenter devant les grands de cette terre. Tu confrontes leurs pouvoirs car la ceinture qui ceint leurs hanches et qu'ils pensent posséder, c'est pourtant moi qui puis la nouer ou la dénouer.

Oh oui ! Comme les puissances d'ici-bas voudraient t'endormir et te maintenir dans une léthargie profonde... Te convaincre que tu es un homme au milieu des hommes ; un chercheur de paix avec des possibilités humaines. Mais non, tu n'es pas cela ! Tu es celui que J'ai pris par la main droite… Et pour cela, où Je vais tu vas et là où tu vas, Je suis. Comme tu es redoutable ! Moi, Je suis venu servir parce que J'aime chacun de vous inconditionnellement. Avant même que vous soyez, J'appelais votre existence par un désir d'Amour, mais mon désir n'est ni faible, ni tiède... L'orgueil des flots n'est-il pas soumis à ma volonté ? La terre regarde et tremble devant moi mais mon désir, Je l'ai remis à votre libre choix car l'Amour ne peut être que libre.

Je suis ton Dieu et il n'en est pas d'autres en dehors de moi. C'est moi qui mène au succès et qui laisse l'insensé aller à son malheur, parce que Je t'ai choisi pour être mon prêtre, tout cela, Je l'accomplis avec toi ; ne me lâche pas la main, ne quitte pas mon Sacré Cœur ! Je suis venu sauver l'homme, non pas en sa vie de chair qui, à peine éclose déjà va vers sa fin, mais pour lui donner la vie éternelle.

Alors ne te laisse pas bercer par la fausse charité qui vient de l'orgueil.

Renverse les offrandes que les puissances de ce monde te présentent pour t'impressionner et te séduire ; il n'est d'agréable que l'Amour que Dieu te porte et porte à chacun de ses enfants.

Souviens-toi constamment lorsque tu rencontres un de tes frères, que tu es bien celui que J'ai saisi par la main droite, celui qui peut donc faire plier les nations, défaire la ceinture des rois et ouvrir devant toi les portes que la haine et le péché gardaient closes !
Et s'il fallait, insiste, car la patience tout obtient tout lorsqu'elle œuvre pour la Vérité ; ta bonne volonté porte le régne de Dieu au milieu des hommes.

48

LE MURMURE DE DIEU

1 Roi 19- 11 à 13
« …Yahvé répondit : « Sors et tiens-toi dans la montagne devant Yahvé. Et voici que Yahvé passe… »

Mon fils, frère bien-aimé,
Evoquons ensemble la douceur divine toute opposée à la violence du monde.
Parlons aussi de cette divine humilité majestueuse et royale, toute contraire à la brutalité qui domine cette terre ; la divine humilité que drappe dans ma douceur.
C'est de cela mon frère bien-aimé, dont Je désire m'entretenir avec toi, nous qui sommes unis par une intimité choisie et profonde.

Toi mon prêtre, mon aimé, à la suite des premiers prophètes, Je t'ai appelé pour entendre la Parole de Dieu, c'est-à-dire pour reconnaître la divine présence et entrer dans sa volonté. Non pas que mes enfants ne puissent pas l'entendre eux aussi ou la comprendre, mais toi Je t'ai choisi et Je t'ai conduit devant le trône du Très-Haut afin que tu communies particulièrement aux secrets du divin Cœur, comme cela fut donné au prophète Elie.
Alors, voilà mon aimé, que tu te tiens à l'abri dans le cœur de l'Eglise, Lieu saint, joyau précieux formé autour de mon Sacré Cœur uni au très Saint Cœur de ma Mère. Là, comme cela fut pour Elie dans sa grotte, devant toi les puissances de ce monde font éclater leurs fracas ; mais toi patiemment, soutenu par la sagesse que Je te donne, tu attends l'arrivée de ton Maître comme le serviteur avisé sait le faire, comme le bien-aimé attend celui que

son cœur aime. Oui, tu sais faire cela car J'ai formé en ton cœur sacerdotal un cloître où les fleurs des divines vertus te rendent ma présence familière, où ma Paix et mon humilité veulent régner. Un jardin creusé dans la pierre de ton humanité où tu peux entendre les secrets de ma divinité se révéler dans la plus parfaite des délicatesses. C'est là que se lève en toi la splendeur de la Vérité, comme se lève une aube étincelante, n'ayant d'autre désir, ni d'autre joie que d'illuminer tout ton être.

Mon aimé, dans le monde ici-bas, les forces et les puissances que le péché a perverties s'entrechoquent sans égard pour la vie qui les entoure. Elles inspirent la peur et leurs mouvements désordonnés portent la désolation et semblent toujours vouloir fracasser la vie, briser la Paix. Voilà quel est devenu le langage de ce monde abîmé par la haine... Mais quels bienfaits y a-t-il donc dans ces éclats de violence ?
Après le spectacle assourdissant de ces cahots dont mon prophète fut le témoin comme toi tu l'es aujourd'hui, mon aimé, Dieu arrive dominant toute chose. A son passage tout se tait, la Paix l'accompagne ; comme Il l'avait annoncé, Il vient et passe devant son enfant bien-aimé. Comme une brise légère, comme un murmure, Il passe... Comme le Bien-Aimé dépose une douce caresse à sa bien-aimée, ne voulant lui laisser que le parfum de sa pudeur et de la délicatesse de son Amour. De Dieu, le murmure est le langage car le murmure est le langage de la douceur ; infinie bonté et douceur de Dieu qui appelle à Lui la multitude de ses enfants. Oui, ils peuvent accourir auprès d'un tel Père ces enfants blessés par les violences du monde et trouver auprès de Lui refuge, car son cœur est doux et humble et son humilité suprême tient ferme les brides de sa Toute-Puissance !

Vois-tu mon aimé, la Divinité Toute-Puissance vient visiter l'homme; mais ce qui plaît à Dieu c'est de se donner dans la per-

fection de sa délicatesse, dans sa suave bonté et dans sa tendre humilité. Dieu agit ainsi, par amour et égard pour ses enfants qu'Il chérit, car Il connait leur faiblesse, leur souffrance et leur fragilité ; Il sait murmurer à l'oreille de l'homme pécheur afin que l'esprit embrumé et le cœur inquiet de son enfant soit rassuré en découvrant la parfaite opposition entre les violences de ce monde et la douceur divine !
Dieu n'est pas un Dieu brutal et cruel, Il est un Dieu amoureux !
Par le sacerdoce que tu as reçu, cette exquise douceur divine repose en toi, car le sacerdoce est une vocation amoureuse et, si en toi se donne la Toute-Puissance de ma divinité, c'est toujours pour ramener à l'Amour.

Moi qui suis ton Seigneur, Je suis doux et humble de cœur et c'est bien de ce divin Cœur que ma Parole s'élance pour créer et ordonner toute chose.
La Toute-Puissance EST ma nature même et sa couronne de gloire est la Paix.
C'est pourquoi le Verbe s'est fait chair, pour ramener l'ordre et la paix au cœur de l'humanité violentée par les cris des ténèbres… Mais, au murmure de ma voix, les déserts tremblent, les cèdres du Liban se fracassent, pourtant Je ne crie pas, Je ne hurle pas comme hurlent les tempêtes. Je dis, et la création se prosterne à mes pieds tout comme J'ai voulu que se prosternent devant toi les cahots de l'âme, toi qui a reçu la si haute mission de revêtir mon autorité suprême. Toi aussi, tu n'as pas besoin d'hurler pour accomplir ton ministère sacré. Ordonne, prononce les saintes paroles que tu as reçu de l'Eglise et tout va s'exercer sous la divine Autorité.

Mon aimé, dans ce passage de la sainte Bible, Je dévoile comme il me plaît de me faire douceur et délicatesse devant la fragilité de l'homme. J'agis ainsi parce que J'ai pour mes enfants un amour et

une tendresse uniques. Chacun m'est si précieux ! C'est toute ma délicatesse qui se penche sur eux. Je ne veux pas effrayer l'homme, Je ne veux pas fragiliser sa liberté de choix déjà si dangereusement érodée par la brutalité qui l'environne. Je viens répondre aux questionnements de l'humanité avec précaution ; Je lui souffle mon amitié. Je me penche comme la mère se penche vers son enfant, comme l'époux vers l'épouse pour lui dire son affection. Je laisse parler mon divin Cœur ; c'est aussi pourquoi J'ai mis ton cœur dans le mien.
Un Cœur qui est douceur et humilité parfaite.
Un Cœur qui est tendresse infinie.
Un Cœur qui murmure son amour.
Pour répondre aux besoins de l'homme et préserver sa vie, Je manifeste ma Toute-Puissance ! Pour entendre ses appels, Je m'approche avec une attention infinie ! Pour me révéler à lui, Je souffle mon haleine comme un murmure.
L'Amour aime !
L'Amour n'est pas brutal !
L'Amour se livre en communion !
L'Amour aime à servir l'aimé de toute sa délicatesse !
L'Amour se propose ! Toi aussi propose-toi pour servir l'Amour qui veut régner dans le cœur de l'homme.

Prêtre mon aimé, tu rends témoignage à ton Seigneur.
Tu célèbres la sainte Messe, tu administres les Sacrements et tes gestes sont ordonnés et paisibles, tes paroles sont douces ; cependant, c'est bien ainsi que tu fais descendre mon Règne sur la Terre. Paisiblement, humblement tu rentres dans ma Majesté divine et tu la fais pénétrer jusqu'au cœur de l'âme et du corps.
Tout au long de ta vie de prêtre, l'humanité agitée vient à toi, brutalisée, blessée, étourdie par l'arrogance assourdissante du péché et de la tentation. Ta vocation est de faire taire ce brouhaha et ces cris de violence qui pénètrent le cœur de l'homme

et, comme ton Maître, tes gestes sont douceur, ton écoute est patiente. Tu apaises, tu nettoies la maison de Dieu afin que son murmure puisse de nouveau résonner en tous ses murs comme une mélopée des plus tendres.

Tu fais rentrer la douceur et la paix divine dans le drame humain ; mais vois-tu comme cette paix, cette douceur sont si souvent incomprises ! On croit qu'elles trahissent mon absence, mon éloignement ; en fait, elles manifestent ma différence. Tu dois expliquer cela aux hommes habitués à la violence et déstabilisés par la douceur de ma présence ! Pourtant, dans ce calme où se murmure ma divinité, Je ramène la sérénité après les plus grandes tempêtes. C'est alors que l'Esprit-Saint peut parler et conduire le cœur de l'homme à sa rédemption.

Alors vois-tu, toi mon prêtre, toi qui me contiens, tu es ce briseur de tumultes.
Tu n'agis pas comme les méchants car tu as reçu l'amabilité divine, ta vocation s'exerce dans la finesse de la bienveillance.
Reste patiemment et avec confiance blotti contre mon Sacré Cœurs uni à celui de ma très Sainte Mère, là tu entendras le divin murmure, onctueux comme un miel et cela te sera profitable car il adoucira ton cœur sacerdotal. Cependant, ne sois pas surpris s'il est aussi imprégné d'amertume car l'Amour n'est que peu aimé. N'oublie pas qu'il faut à l'âme beaucoup de douceur pour livrer sa confiance à l'Amour. La douceur divine recouvre l'âme comme une rosée qui vient dans le silence de l'aube nouvelle que tu annonces.

49

LA PAROLE

Mon prêtre, frère bien-aimé
Comme il est grand pour l'homme le mystère de la Rédemption et comme il est légitime pour le prêtre de s'en interroger, lui qui se sait être le relais de ce don, de ce mouvement divin au cœur de l'humanité ! Il travaille à faire pénètrer ma miséricorde jusqu'aux plus profondes abîmes du cœur de l'homme pécheur.
Peut-être te dis-tu: « Je suis prêtre, j'ai donc été choisi pour porter aux hommes le salut de Dieu. Je marche à la suite de mon Seigneur, mais qu'ai-Je reçu pour accomplir si grande mission? Comment cela pourra t-il se faire ? ».
Et bien! Je te dis, mon aimé, pour sauver ton frère, Je t'ai donné beaucoup et parmi tant de mes puissances que Je partage avec toi, J'ai voulu que ma force et ma Lumière qui est Vérité, ne manquent pas à ton coeur sacerdotal... Alors J'y ai versé ma Vie en abondance, J'y ai mis ma Parole. J'ai fait de toi l'intendant fidèle des biens de ton divin Maître.

Ma Parole est vivante et c'est justement parce qu'elle est vivante qu'elle vivifie ton sacerdoce, qu'elle éclaire tes pensées et soutient ton cœur. Elle est comme la lampe qui éclaire tes pas. Patiente, Elle sait aussi attendre à tes côtés, lorsque sur le chemin tu t'es arrêté ; Elle veille alors à ce que les ténèbres des nuits ne t'engloutissent pas. Ne lâche pas ma Parole, en Elle l'Esprit souffle pour embraser ta foi, soutenir ton courage et ton audace apostolique, car il te faut annoncer à ma suite, ce que l'homme ne peut ni concevoir, ni comprendre seul : « Sourds entendez ! Aveugles voyez et regardez ! ». Toi, mon messager que J'envoie, garde bien ouvertes les oreilles de ton cœur et de ta raison à ma Parole car c'est par Elle que se fait la conversion des cœurs.

Ma Parole est pour chaque homme, Elle est agissante en chaque homme et qui la reçoit, reçoit la grâce, car la grâce est le fruit de la Vie ; mais qui la refuse, se condamne lui-même, puisqu'il n'accepte pas la Vie et donc perd la grâce ; moi Je suis la Vie !
Ma Parole est un langage nouveau qui annonce une vie nouvelle ; Elle annonce une chose nouvelle, la restauration de l'union d'amour entre l'homme et son Créateur, Elle proclame la Rédemption par le pardon des péchés.

Ma Parole est la demeure du Très-Haut que la Sagesse aime à habiter et tout homme de bonne volonté qui y pénètre avec humilité, y recevra l'instruction de la Vérité. La Vérité fait trembler et renverse les certitudes les plus ancrées de ce monde perverti, Elle fait s'effondrer les fortifications des apostasies et lève la sainteté en qui la reçoit et, s'offre à la sainteté de ses éxigences.
Tu dois constamment te recentrer en Elle. Elle doit être pour toi le lieu où tu édifies et confortes ta vie sacerdotale. Des livres, des écrits, vous n'en manquez pas et des pensées plus ou moins éclairées, vous n'en manquez pas non plus.... Mais ma Parole est unique au milieu des hommes car en Elle, Je SUIS ; c'est donc la Toute-Puissance divine qui s'y trouve, celle-là même que Je déployais au moment de la Création et en qui mon Verbe fit toute chose et toute chose bonne. C'est pourquoi ma Parole peut agir dans toutes les dimensions de ton être, pour y restaurer la Vie.
Mon prêtre, il est une seule Parole divine et une seule Vérité, tout comme il n'y a qu'un seul Dieu qui repose dans ton cœur et, en qui toi-même, tu reposes.

Mon aimé, si d'autres paroles ou écrits sont profitables à l'homme, à sa rédemption et à son salut, c'est qu'ils sont habités par des fragments de ma Parole, comme des petites flammèches de

Lumière que le souffle de l'Esprit aurait emportées et qui se seraient déposées pour éclairer des cœurs et des esprits de bonne volonté partout dans le monde ; cependant elles ne sont pas le foyer de l'embrasement, le foyer est ma Parole et Je vous appelle à y demeurer afin de ne pas vous attiédir.
Mon aimé, ouvre ta bouche et mange ma Parole ; mastique la bien afin qu'elle puisse t'imprégner. Elle développera en toi parfois de l'amertume, parfois une infinie suavité, ou bien te réconfortera comme le miel. Une autre fois, tu trouveras lassante cette mastication répétitive, mais par ta persévérance, tu deviendras ma Parole.

Ma Parole est nourriture.
Ma Parole porte Vie.
Ma Parole est force et consolation dans l'espérance.
Ma Parole est Lumière et Vérité ; Elle éclaire et donne la paix à qui la reçoit !
Ma Parole conseille et avise !
Ma Parole n'enseigne pas la domination, mais en révélant la Vérité, permet la charité, celle qui fait de toi un serviteur zélé par amour pour ton prochain!
Ma Parole conduit à l'Eglise celui qui la suit.

Oh, mon prêtre ! Je t'envoie comme mon messager pour parcourir le monde, comme le moissonneur pour ensemencer ma terre, en lançant le bon grain de ma Parole dans le cœur de mes enfants. Oui, lance cette sainte semence qui donnera le pain de vie à mes enfants affamés !
Oui, va ! Fortifie et encourage celui que le péché avait fait douter de recevoir un jour le salut… Et si la providence te ramenait en des terres déjà traversées, regarde si la moisson a levé. Si tu ne trouvais là que quelques épis, recommence à semer; redonne le bon grain que sont ces mots gorgés de ma Vie !

Plonge tes mains dans ma Parole et ensemence la terre, même si le sol est pauvre et aride, à force de me recevoir encore et encore, ma Vie coulera en lui et l'aidera à retrouver la fertilité.

Oui mon aimé, le moissonneur fécond est celui qui avec patience et joie, inlassablement, retourne au champ de son Maître et travaille, retravaille cette terre pour qu'en elle le bon grain donne beaucoup de bons fruits. Parfois tu verras devant toi se lever la semence, elle grandira et se fortifiera pour donner son épi ! Parfois, tu ne verras rien! Mais ne doute pas que là où tu as travaillé la grâce a été donnée.

Mon aimé, sache que si tu prends ma Parole comme Lumière pour éclairer ton sacerdoce, cela signifie que tu marches avec l'Esprit-Saint ! Il consumera ta faiblesse, Il sanctifiera tes efforts, Il rendra fertile ton espérance ! La grâce ne te fera pas défaut et la tiédeur ne pénétrera pas ton cœur.
Alors, ton « oui » sacerdotal, sera comparable à la goutte d'eau qui plonge dans le calice où J'ai versé mon Précieux Sang! Et comme cette goutte étanche ma soif! Cette goutte, ce « oui » sincère et libre qui se dissout en moi, unit ton sacerdoce au mien et mes œuvres s'infusent en tes oeuvres. Il n'est pas toujours simple, ni facile à donner ce « oui », mais il est le fruit de ton esprit éclairé par ma Parole et de ton cœur embrasé par mon Amour.
On ne peut contraindre à aimer, alors l'Amour vient et, à travers les lignes de ma sainte Parole, se fait connaître; que tes engagements soient des actes d'amour purs et vrais, la goutte qui se livre librement dans le calice y met toute sa saveur.
J'aime la saveur de ton engagement! Je désire notre union. Je désire accueillir ton cœur sacerdotal et le sentir rayonner en moi, avec moi.
Aie confiance en moi! Une ou quelques gouttes de toi
Suffisent …

50

LA DISCIPLINE QUI MÈNE AU SALUT

Proverbe 4 : 1O-13
« Écoute mon fils, prends mes paroles au sérieux, et tu vivras de longues années. Quand je t'aurai appris les chemins de sagesse, quand j'aurai orienté ta route, tu marcheras d'un pas alerte et tu pourras courir sans crainte de trébucher. Retiens ma discipline, ne l'abandonne pas : Garde-la et tu vivras ».

« Écoute mon fils, prends mes paroles au sérieux, et tu vivras de longues année (....)
« Retiens ma discipline, ne l'abandonne pas : garde-la et tu vivras. »

Mon fils bien-aimé, tu t'interroges sur cette discipline qui conduit au salut et donc à la Vie, comme tu as raison de le faire ! Tu désires ton salut et tu y travailles ; c'est essentiel parce que tu es prêtre et ta vocation est de conduire la multitude de mes enfants aux portes du Royaume. Or, qu'adviendrait-il si tu te perdais en chemin, c'est-à-dire si tu me perdais en chemin ? Tu serais comme un aveugle et ceux qui te suivent se perdraient avec toi.

Alors moi, Je veux te donner le sûr moyen de préserver tes pas, et de garder nos cœurs unis. Je désire que tes yeux restent ouverts pour que ta marche soit avisée et que tu évites de trébucher. Mais, Je connais ta faiblesse et, c'est pourquoi Je viens à toi pour te soutenir par ma discipline et orienter ta route, car Je veux que tu vives ton ministère sacré toujours au cœur de l'embrasement de la grâce et, c'est en pratiquant ma discipline que tu y parviendras. Pour cela, mon aimé, sois toujours fidèle à ta vocation et à l'enseignement de l'Eglise. Ouvre ta bouche et chaque jour avale ma

Parole comme l'on fait tes pères avant toi ; mastique-la, savoure-la. Laisse son suc descendre jusqu'en ton cœur. Oh ! Parfois tu n'auras pas le goût de le faire, mais souviens-toi que cette discipline est salutaire pour toi et pour ta mission. Chaque jour, nourris-toi saintement en la consommant. Ton corps a besoin chaque jour de sa nourriture, ainsi en est-il pour ton cœur sacerdotal, ton âme et ton esprit ; c'est en faisant ainsi que tu marcheras d'un pas alerte.

Ma Parole est comme un rayon de miel. Lorsque tu la reçois, c'est en premier l'onctuosité du miel que tu goutes et qui réconforte, puis viens la cire consistante, que tu mastiques et mastiques encore, c'est ainsi que sont extraites les vertus qu'elle contient. Que la discipline de la manducation de ma Parole, diffuse en toi les saintes vertus qu'elle possède.

« Retiens ma discipline ». Pourquoi cela ? Pourquoi une discipline t'est-elle donc nécessaire ? Parce que tu dois lutter chaque jour contre des adversaires qui jettent sur toi une multitude de tentations pour essayer d'éroder, d'affaiblir les remparts de ta foi. Cette discipline que Je te donne est bien réelle et te préserve. Je te l'ai révélée, tes pères te l'on transmise ; elle te protège autant qu'elle te permet de t'élever haut et de soutenir ta croissance spirituelle qui éclaire ta route et celle de ceux qui te suivent. Elle est pour toi un tuteur solide sur lequel tu appuies tes efforts. Tu as besoin chaque jour de ce tuteur car, ici-bas, tu es comme une pousse fragile, qui émerge du sol où elle était enfouie. Ce tuteur est bien ma dsicipline qui pour résister aux tempêtes, plonge ses puissantes racines dans la vie sacramentelle, le dogme de l'Eglise et ma Parole.

Aussi tiens bon, sois ferme et soumets-toi à ma discipline !
Ce que tu es venu appliquer aux autres, fais-le aussi pour toi.

Oh oui, mon aimé ! Lis et médite ma Parole, car en ma Parole Je SUIS ! C'est par elle que Je t'enseigne mes préceptes. C'est aussi avec elle que Je purifie ton cœur. Elle t'ouvre la voie de ma divine volonté. Elle nourrira ta prière et te conduira en mon intimité car ta vocation est d'entrer et de demeurer en communion profonde avec moi. Ma Parole que tu entends chaque jour ouvre en toi la route sûre pour avancer. Suis-la avec sagesse et patience, accueille-la, c'est ainsi que chaque mot que tu prononceras, ne restera pas sans rien produire. Ne te laisse pas attiédir en éteignant le feu de la pure Vérité dont elle resplendit.

Mon prêtre, ma discipline est une escorte armée et puissante, que ton Seigneur a placée autour de toi, elle est un cœur palpitant qui anime le zèle de tes journées, t'éclaire dans ton ministère sacré et ouvre devant toi le chemin du salut. Si tu la laisses éclairer ton être, ton intelligence, tu seras dans la Joie.

Mon bien-aimé, Je t'encourage encore car Je t'aime.
Tu désires la réussite de ta vie sacerdotale pour voir s'épanouir en toi et en ceux que je t'ai confiés, la vraie vie en Dieu et bien, suis ma discipline que tu as reçue de tes pères, qui eux-mêmes l'avaient reçue de moi. Mets au premier plan de ton quotidien cette saine et sainte discipline car elle conduit au salut éternel ; qu'elle soit comme un étendard derrière lequel tu marches. Ne lâche pas cet étendard, ce serait comme perdre celui que tu as choisi de suivre et servir ! L'engagement de toute ton existence perdrait son sens. Ma discipline établira en toi les priorités et préservera ton intégrité, tu ne t'égareras pas.

Sois ferme et vigilant !
S'il n'y a pas danger de mort imminente, fais passer en second plan, derrière la discipline de vie sacerdotale, tout ce qui se présente à toi.

Cette règle instaure et préserve notre intimité.
Ne t'en prive pas ! La discipline nous unit.
Par elle, Je te retrouve et Je suis comme le Bien-Aimé qui retrouve sa bien-aimée pour la combler de ses bontés, de ses richesses !

51

L'HABIT SACERDOTAL

Exode 40 - 34 et 38
« La nuée recouvrit la tente du rendez-vous et la Gloire de Yahvé emplit la demeure. (…) Car la nuée de Yahvé reposait sur la demeure pendant le jour, à la vue de toute la nation d'Israël, et pendant la nuit un feu brillait au milieu d'elle. Il en fut ainsi tout au long de leur route. »

Mon prêtre, c'est pour toi que J'ai choisi ces paroles.

Je les ai choisies parce que Je désire voir s'affirmer en toi, toujours davantage, la connaissance de la grandeur du sacerdoce dont Je t'ai revêtu. Oui, mon aimé ! Dis-toi toujours que c'est bien ton Seigneur qui t'en a revêtu.
Avant de te remettre ton étole, Je l'ai embrassée ; elle porte le baiser de ton Dieu, baiser d'Amour et de confiance qui scelle notre union et la rend savoureuse comme le miel qui réconforte et soutient les forces.

C'est moi qui t'ai appelé et consacré ; Je désire que tu me portes avec fierté, tout comme moi, Je te porte sur mon Sacré Cœur telle une parure précieuse, à la vue de tous !
Par ta consécration, tu es devenu la demeure du Très-Haut, le lieu Saint du rendez-vous où Dieu rejoint son peuple et où l'homme retrouve Dieu, son Père.

C'est bien la nuée qui t'a recouvert …. La splendeur de l'Esprit-Saint est descendue sur toi comme un parfum qui embaume tout l'être. Il t'a embrasé de sa Gloire divine. Lors de ta consécration, j'ai brisé le flacon où sont contenues les suavités divines afin que tu en sois oint. J'ai laissé s'ouvrir mon Cœur afin que, de sa blessure adorable, s'écoule jusqu'à toi le saint chrême de ta consécration ; huile gorgée des vertus de ma Royauté que l'Amour divin a livrée sous le pressoir.

Ainsi mon frère, te voilà habillé de ma Gloire, revêtu de mon Autorité suprême. Cet habit unique que tu portes au milieu de la corruption du monde, témoigne de l'incorruptibilité et de la noblesse de ma divine Nature dont J'ai oint ton cœur de pasteur. Le jour, Je repose en toi à la vue de tous ; tu te lèves et le peuple que tu conduis se lève à ta suite.

Tu as revêtu ma nature et te voilà tout rayonnant des jaillissements de ma Divinité. Tu es signe de contradiction pour le monde car ma Lumière révèle les obscurités des ténèbres ; voilà pourquoi tu es combattu par ceux qui se sont laissés endormir et asservir par le Mal ; les ténèbres craignent et jalouse ton onction puissante. Ils s'en effraient.

Tant que mon peuple est en marche vers l'accomplissement de sa rédemption, tu resteras au-devant des nations d'Israël. Tant que les nuits les plus sombres tomberont sur l'humanité, le feu de ma Gloire resplendira au milieu de toi afin que l'homme ne soit pas séparé de l'Amour ! Il ne sera pas perdu dans l'obscurité de ce pauvre monde, privé de la Lumière véritable.

Laisse-moi toujours habiter et parfumer ton cœur de prêtre.

Laisse-moi éclairer ta connaissance, celle que tu as reçue de tes Pères.

Laisse la divine nuée recouvrir ta vie sacerdotale, pour cela expose-toi devant ma sainte Présence Eucharistique, Elle est la tente du rendez-vous et la Gloire de Yahvé emplira ta demeure.

Laisse-moi grandir en toi !

Ton libre choix qui te conduit devant moi, me libère en toi.

Je désire qu'auprès de toi, l'homme respire les effluves de ma divine Présence et par elles se sente élevé jusqu'à moi ; ainsi la vivifiante espérance soutiendra sa marche et rafraîchira les traversées brûlantes des déserts de sa vie.

Mes enfants doivent se mettre en route lorsque tu te lèves.
Tu es cette demeure du rendez-vous vers laquelle les regards doivent converger.
Bienheureuse la nation que tu éclaires ainsi car tu es véritablement le signe de l'Alliance de Dieu avec son peuple ! Elle marchera éclairée par la Sagesse divine et elle aura ma Toute-Puissance pour bouclier !
Tu es la jaillissante Lumière au milieu de l'obscurité.
Tu es ma fierté!
Ne te sépare pas de moi !

52

LE VIN NOUVEAU

Judith 12 : 16-17
« (...) Dieu m'a envoyée pour réaliser avec toi des choses extraordinaires, dont toute la terre sera étonnée lorsqu'on les apprendra. (...) »

Mon fils, mon aimé, mon prêtre,
Tu peux avec fierté unir ta voix à la mienne pour bénir et rendre grâce à Dieu le Très-Haut, ton Père ; c'est Lui qui m'a envoyé et qui t'envoie à ma suite pour que soient réalisées des choses extraordinaires.
Tu es l'héritage de ma victoire, tu es de ma descendance, tu es le fils aîné des Noces nouvelles.

Embrasé d'Amour et de compassion pour l'homme, J'offrais au Père mon ardent désir de vous arracher à l'esclavage du péché, de racheter la condamnation qui pesait sur vous et de vous recevoir pour frères et sœurs. Le Père s'émut d'une joie infinie en recevant mon désir et l'Esprit-Saint déploya la Gloire divine au firmament des cieux ! Et cela fut ainsi fait.

Oui, Je venais.
Oui, Je rejoignais l'homme blessé, tombé à terre.
Oui, Je redonnais son Père à l'enfant orphelin.
Et par la sainte Incarnation, J'ouvrais mes bras pour recueillir l'humanité.
J'offrais ma Chair et mon Sang tissés en ma divinité comme terre d'un nouvel asile à nos enfants chassés de leur demeure première, condamnés à errer dans des lieux de mort et de souffrance.

Je descendais dans les ravins de ce monde pour sauver l'humanité, la soigner, la restaurer.
Toi prêtre, tu es mon héritier, le premier-né et c'est à toi aujourd'hui de descendre dans les ravins profonds où gît l'humanité blessée et agonisante afin de me remettre sa souffrance, de lui dispenser mon remède ; Je t'ai doté et Je t'ai oint pour cela. A ma suite, tu es le bon samaritain et Je t'invite à t'arrêter sur ton chemin, là où personne ne s'était arrêté avant toi. Oui, que la pauvreté de l'homme t'arrête, puisqu'en toi repose le secours de Dieu. Là où git la misère de ce monde, là où l'indigence la plus extrême de l'homme a besoin de l'extraordinaire de Dieu, arrête-toi !

En agissant ainsi, tu interpelles l'humanité au plus profond d'elle-même. Le bien que tu fais à l'homme est extraordinaire, il est le débordement de ma bonté en toi ; plus tu es en ma divine volonté, plus sortira de toi ce flot d'Amour. C'est la bonté de ma miséricorde que Je suis venue déverser dans le monde, elle est le fruit de mon Amour et ses œuvres sont au-dessus des œuvres du monde ; ma joie est de l'avoir remise entre tes mains.
Oui mon aimé, les trésors du Roi sont à toi : charité, douceur, patience, miséricorde, compassion, tempérance et sagesse… Oui, tout ce que Je suis est extraordinaire pour l'homme… Je suis l'extraordinaire qui a pénétré votre ordinaire si souvent triste et toi, tu en es le bénéficiaire, le témoin et le dispensateur.

Par l'onction sacerdotale, tu es devenu le calice où se verse ma Divinité ; laisse-toi saisir, mon peuple a soif ! Il a soif et mes œuvres étancheront cette soif. J'ai vu le cœur de l'homme vide comme les urnes vides aux noces de Cana et Je m'y suis versé, moi le vin nouveau, vin d'une qualité inégalable qui étonna tous les convives. Il se donne sans se tarir, il réjouit, étonne, fortifie et soutient sans endormir ni asservir et c'est toi, serviteur fidèle qui me verse dans les cœurs.

J'émerveille qui me reçoit !

Il me fallait une multitude de cœurs sacerdotaux pour me porter à l'humanité, afin qu'aucun de mes chers enfants ne soit privé de ce vin nouveau, de mon Très Précieux Sang qui scella l'Alliance nouvelle. Pour cela, J'ai creusé en toi... Et voici que maintenant, tu contiens ce divin breuvage des Noces Nouvelles ! Appelle mes enfants, dis-leur : « Venez et buvez ! Buvez au calice des Noces de l'Agneau ! Plongez dans son Amour, étanchez votre soif en Lui ! Enivrez-vous et en Lui, renaissez à la vie ! Par cette intimité vous serez guéri ! Plongez ! Je suis venu vous offrir l'extraordinaire de Dieu ! Tel est son désir, tel est l'héritage qu'il a préparé pour chacun de vous !»
Là est bien ta vocation : Servir ! Servir ! Et servir en te donnant toi-même !
Moi, mon prêtre, mon aimé, Je t'ai donné la joie sans égale de voir entre tes mains, contre ton cœur, l'enfant moribond renaître à la vie.
Servez et aimez ; il n'y a pas de vocation plus extraordinaire et Je vous l'ai offerte !

53

LA VIRGINITÉ

1 Corinthiens 7: 25-26
« Je n'ai pas d'ordre à recevoir du Christ pour ceux qui restent vierges, mais mes avis sont ceux d'un homme à qui le Seigneur a bien voulu faire confiance. Je pense que c'est une bonne chose, en raison de la détresse présente, que c'est une bonne chose pour l'homme que d'être ainsi. »

Mon fils, frère bien-aimé.
Ne crains pas ! Sois attentif ! Sache que moi qui suis la Sagesse, Je viens à toi pour t'instruire.

Tu es prêtre, à ma suite, tu l'es !
Tu ne l'es pas par toi-même ni par ton unique vouloir.
Tu es prêtre, choisi par Dieu au milieu des hommes, tu es mon suivant.
A ma suite, tu témoignes de ma vie et de mes œuvres, mais tu es aussi celui par qui mes œuvres se renouvellent et se développent au cœur de l'humanité.
Uni à moi, tu portes l'humanité ; ton habit sacerdotal est mouillé de ses larmes et de la sueur de ses peines. Ton âme sacerdotale, mon épouse, porte à la Rédemption chaque âme ; tu portes chacun à la vie éternelle. Oui, tu es l'époux de ma divinité !

Ta charge est déjà grande et la nature de ta charge est d'une importance telle qu'il ne faudrait pas que tu en prennes une autre sur les épaules et faire en sorte de tomber à cause de ce surpoids ; tu risquerais de lâcher l'une pour soutenir l'autre. Tout ce qui vient de la chair est pesant… Prends donc le joug que J'ai choisi pour toi et reçois mes instructions ; ne crains pas, Je donne le meilleur à mes biens-aimés et puisque tu as reçu la meilleure part, elle ne te sera pas enlevée. Pourquoi voudrais-tu prendre deux jougs sur tes épaules ? Moi-même, Je ne l'ai pas fait.

La virginité est la grâce que Je t'ai donnée pour te préserver et pour t'enrichir.
Elle préserve ta nature de sa fragilité.
Elle conserve la fraîcheur de ton cœur.
La virginité te garde des séductions du monde qui voudraient ravir les trésors que Je fais reposer en toi. Si tu goûtais aux fruits de ses séductions, se diffuserait en toi le feu de leurs ardeurs. Ta nature réclamerait de nouveau leurs embrasements qui pourtant, à peine reçus, déjà s'éteignent…. C'est ainsi que la dépendance aux nécessités de la chair s'installe et tient tout l'être.

Et alors, tu t'éloignerais de moi. Non pas parce que tu le voudrais mais parce que tu ne pourrais supporter cet écartèlement entre les appétits de la chair et l'union d'Amour que nous vivons à chaque instant. La virginité est un rempart pour toi et non une amputation de ta vie.
La virginité est de plusieures natures.
Tu crois que la virginité est seulement pour la chair ! Ta vision est bien réduite ! La virginité est tout autant pour ton esprit, que pour ton cœur et qu'elle est offerte à ta chair. Ne crois pas qu'un tel trésor de la grâce ne soit pas combattu par l'esprit du monde et satan lui-même. Dans les combats qu'ils lèvent contre vous, certains de mes prêtres bien-aimés, cherchent un secours en dehors des lumières de l'Esprit-Saint, c'est alors que le chant des séductions les appelle avec force ; La tentation est subtile et récurrente. Je vous le dis encore, restez fermement attachés à ma Parole qui vous instruit et qui a instruit vos pères, prenez mon imitation pour conduite.

Mon prêtre, mon aimé reste auprès de moi car Je suis un Dieu jaloux de ta pureté.
Le sacerdoce n'est pas un chemin de solitude inhabitée comme je le dis et te le redis, nous sommes unis si particulièrement ! L'éloignement du monde te permet de mieux plonger en ma présence. Sache, mon fils, que l'on peut être terriblement seul alors même que l'on est en famille, dans une vie de couple, entouré d'enfants. Ce qui rend une vie riche et vivante, c'est la qualité de l'Amour qui l'anime et, de ce côté, sois certain qu'avec moi, tu as choisi la meilleure place ! Bien sûr, la vie sacerdotale est chemin de sainteté et le serviteur n'est pas plus grand que son Maître ; mais comme l'Epoux qui te conduit est Saint, tu ne peux que réussir si tu me restes fidèle !
Souviens-toi, la grâce peut tout en celui qui a mis sa confiance en elle !

54

COMME LA BRAISE

Isaïe 6.8
« L'un des Séraphins vola vers moi. Dans sa main il tenait un charbon ardent qu'il avait pris sur l'Autel avec des pincettes. Il me toucha les lèvres et me dit : « Regarde, ce charbon a touché tes lèvres, ta faute est effacée, ton péché est pardonné.
Alors j'entendis la voix du Seigneur : « Qui enverrai-Je, disait-il, qui ira pour nous ? » Je répondis : Me voici, envoie-moi ! »

Mon frère, fils bien-aimé.
Sais-tu quel est ce feu qui brûle d'une ardeur unique et qui est capable d'effacer ton péché ? Ce feu qui a embrasé ce charbon et l'a rendu incandescent ? Ce feu, mon fils, c'est l'Amour, c'est Dieu car Dieu est Amour. Il n'y a pas de plus grande puissance que l'Amour divin ; J'ai tout créé par Amour et dans l'Amour.
L'Amour seul connaît le secret de la vie.
Je suis l'Amour…

J'ai laissé ce feu se déverser abondamment sur la terre au moment où la lance transperça mon divin Cœur, l'écume de ma divine miséricorde en jaillit alors, s'unissant à l'incandescence du Feu d'Amour de mon très Précieux Sang. Oh ! C'est bien l'ardeur incandescente de mon Amour qui a touché l'humanité et qui s'est déversée sur elle. Une seule goutte de ce divin nectar, de cette lave sacrée, aurait seule suffi pour purifier les péchés des hommes, mais c'est en sa plénitude que ma Divinité voulut se livrer pour ses enfants.

Toi mon prêtre, tu as reçu sur tes lèvres le baiser de l'Amour !

Oui, une ardente braise fut choisie pour toi sur le saint Autel du Cœur divin et elle fut posée sur tes lèvres, comme l'amoureux pose son baiser. Nous, très Sainte Trinité, choisissons chaque braise pour chacun de nos fils prêtres. Chaque braise est unique et au moment où vous prononcez votre « Fiat », elle embrase vos lèvres, mais aussi votre cœur de pasteur. La grâce vous a préparés à être un foyer propice pour cet embrasement, tandis que l'humide tiédeur est combattue en vous, sans relâche. En vous, Le Souffle divin attise l'Amour. Alors que les flammes de ce feu divin caressaient votre être, Je vous saisissais de façon singulière et je vous immergeais dans l'intimité de l'Amour ; en mon Sacré Cœur.
Toi qui a reçu l'onction du divin Amour, tu es devenu digne de répondre à son appel, il a retenti dans toute la Création et toi, tu as dit : « Me voici, puisque tu m'as appelé ! Envoie-moi ! »
Oui, mon fils, enfant béni du divin Amour, va ! Car c'est bien dans l'Amour que se lavent les péchés !

Va donc mon bien-aimé ! Va ! Que tes lèvres ointes annoncent l'Amour véritable et lorsqu'on s'opposera à toi, souviens-toi que tes lèvres sont embrasées du feu de l'Amour divin qui sait relever de toutes les morts et consumer toutes les apostasies. De tes lèvres, sortira l'épée à double tranchant, une épée aiguisée qui sépare la vérité du mensonge, la vie de la mort ! Cette arme qui t'est remise, est forgée dans l'acier de ma Parole, martelée et affûtée par les dogmes de l'Eglise, purifiée par les sacrements. Mon aimé, la Vérité rend cette lame bien tranchante, alors veilles à ce que ton cœur et ta raison demeurent dans la pure Vérité, c'est alors que tu couperas et retrancheras des âmes, de ton âme, la perfidie du Mal.

Mon prêtre, laisse ton cœur s'ouvrir au zèle du service en imitant l'Amour divin. Sa Toute-Puissance et l'embrasement de sa divine

Gloire ne l'empêchent pas de servir dans la douceur, l'humilité et la charité ! Oui, donne-moi chaque jour ta faiblesse, ta tiédeur ! Remets-les moi et moi en échange, Je te donnerai ma force et le feu de mon Amour. Livre-moi ton cœur, n'aies aucun secret pour ton Bien-Aimé. Je te regarde, Je te sonde et Je te façonne, afin que toi qui est mon prêtre tu reçoives un cœur aimant comme le mien, un cœur brûlant d'Amour.

Si parfois tu te sens seul et las, souviens-toi de mes paroles et prie dans le secret. Place-toi devant l'Autel où ma Sainte Présence Eucharistique se donne, persévère et Dieu enverra son séraphin souffler sur tes lèvres et sur ton cœur de pasteur afin de ranimer la flamme sacerdotale en toi.
Oui mon fils, souviens-toi, donne-moi ton cœur, donne-moi ton esprit, donne-moi tes lèvres car Je t'ai choisi pour enflammer ce monde et comme il me tarde de voir ce feu embraser le cœur de mes enfants !

55

QUE TON REGARD S'ILLUMINE !

Ephésiens 1 18-12

« Qu'Il illumine le regard de votre cœur ! Vous saurez alors quelle espérance s'offre à vous à la suite de son appel et quel riche héritage, quelle gloire Il a réservée à ses saints et quelle force extraordinaire Il met en œuvre pour nous qui croyons. C'est la même énergie toute-puissante qui a agi dans le Christ quand Il L'a ressuscité d'entre les morts et L'a fait siéger à sa droite dans le monde d'en-haut. »

« Qu'Il illumine le regard de votre cœur » … Voilà la prière que Je fais pour toi mon fils, mon prêtre bien-aimé, pour chacun de tes frères prêtres car c'est lorsque la Lumière véritable habite en vos cœurs que vous recouvrez la vue. Alors, bien des choses vous apparaissent, votre riche héritage, la gloire que Dieu a réservée à ses saints, la force extraordinaire qu'Il met en œuvre pour vous. C'est dans cette illumination que vous pourrez vraiment être les bergers de mon peuple car c'est au voyant que l'on demande de conduire le non-voyant.

Je vous désire tout ensoleillés par la radieuse lumière de ma Divinité. Alors, l'appel que vous avez reçu de Dieu donnera son fruit en vous car votre vocation est telle le grain enfoui dans votre cœur ; s'il n'est pas exposé à la chaleureuse Lumière de ma divinité, il y demeure immobile et figé… Mais, si vous l'exposez chaque jour à son flamboiement, il lèvera de terre, il fleurira et la Toute-Puissance divine qui l'habite se déploiera en vous, celle-là même qui me releva de la mort !

Quelle est donc cette Lumière, cette puissance, cette force que je veux te donner, mon aimé ? D'où vient-elle ? Elle est le rayonnement même de Dieu, elle est Dieu Lui-même car Dieu est Lumière. Elle a le grand désir de s'unir à toi pour t'illuminer jusqu'à la fine pointe de ton cœur et faire étinceler ton regard. La contemplation de sa splendeur radieuse fait se lever en l'humanité, l'espérance de la vie éternelle. Le souffle de l'Esprit porte son influence jusqu'au plus intime de l'homme. Sa radieuse illumination éclaire l'intelligence, chasse l'ignorance obscure, diffuse la connaissance de Dieu.
Expose-toi à sa clarté suprême et tu seras uni au zénith éternel et infinie de la Gloire de Dieu.

Moi qui suis la Lumière du monde, Je mets mon regard devant le tien, Je scrute ton cœur… Je l'observe. Mon Sacré Cœur est embrasé d'amour et Je désire que cet incendie se propage en tout ton être afin que tu deviennes incandescent, flamboyant de ma Vie. Réponds à mon regard, unis-toi à l'attention que Je te porte. Par la faute du péché, le cœur de l'homme est devenu si sombre, parce que sans espérance, son regard s'est éteint ; la convoitise, la colère l'ont obscurci. La foi s'est ternie, elle s'épuise sans énergie. Je suis venu ramener à la Vie et la Vie c'est la Lumière. Pour cela, J'ai voulu que l'onction sacerdotale te plonge dans la Lumière, au cœur même de la Lumière et que tu resplendisses de son éclat, qu'elle illumine tout ton être et éclaire celui qui vient à toi pour recouvrer la vie.

Comment pourrais-tu témoigner de la Lumière si toi-même tu n'es pas habité par la Lumière ?
Comment pourrais-tu donner ce que tu ne possèdes pas ? En te voyant, en t'écoutant, on ne me trouverait pas. On ne sentirait pas en toi cette clairvoyance, cette joie, cette paix, cette dimension unique que Dieu seul donne.

Mais, si tu me laisses visiter toutes les chambres de ton être, tu seras comme une torche enflammée du feu même de ma Gloire. Tu resplendiras de ma présence. Ton œil sera flamboyant et tu éclaireras ceux qui marchent dans la nuit. Ils accoureront vers toi.

Mon frère bien-aimé, J'aborde là un point important de ton sacerdoce : Confie-moi ton cœur !
Confie-le-moi chaque jour, que tu sois dans la plus grande misère ou la plus vive joie, laisse-moi toujours préserver ou ranimer en toi le rayonnement de ma Vie ! En faisant ainsi, l'Esprit-Saint te couvrira de sa Toute-Puissance et rendra ton enseignement vrai. La Vérité est lumineuse. Il est nécessaire que les connaissances que tu as acquises pour nourrir ta vie sacerdotale, soient plongées dans cette Lumière. Tout ce qui porte la mort y sera confondu et renversé. Tout ce qui porte le germe de Vie, Je le ferai grandir et s'épanouir en toi pour ton plus grand bien et celui de tous.
Attache ton regard au mien puisque Je suis la Lumière du monde. Comme la terre est exposée chaque jour au rayonnement du soleil, qui éclaire tout, toi aussi place toi chaque jour devant le Soleil Eucharistique et livre toi à Lui. Livre-moi tout !

56

DANSEZ POUR DIEU

2 Chronique 5. 16

« Maintenant Yahvé, Dieu d'Israël, tiens la promesse que tu as faite à ton serviteur David quand tu lui as dit : « Si tes fils sont attentifs à leur conduite et suivent ma Loi comme toi-même l'as fait, toujours il y aura quelqu'un de ta descendance pour régner sur Israël. »

Mon fils, frère bien-aimé, voici que Je t'interroge... sois attentif.

Où est ma descendance ?
Où est la descendance du roi David, le roi qui m'aimait ?

Ils sont attentifs à leur conduite ceux qui ont reçu l'Appel car Ils ont reçu ma Loi, vivante et palpitante dans leur cœur.
Est-elle bien la torche de lumière qui éclaire leurs pas ?
Est-elle l'amour qui réchauffer leur cœur et soutient leur juste et courageux discernement ?
Mon aimé, qui donc pourrait persévérer sur mes chemins ?
Celui qui suit ma Loi mon aimé, c'est-à-dire celui qui connaît mes commandements parce qu'il les a appris de moi, celui-la le peut. Celui qui chaque jour médite ma Loi afin qu'elle ne quitte ni son cœur, ni sa pensée.
Oui mon aimé, qui donc peut suivre ma Loi ?
Celui qui aime en pure Vérité car celui-là ne craint pas de me remettre sa vie ; il s'est enchaîné à ma divine volonté afin que ma perfection vive et s'exerce en lui.
Oh, oui ! On n'est jamais autant capable de persévérance que

lorsque l'on aime et que l'on aime en Vérité ! Alors, Je viens à vous et Je vous demande : M'aimez-vous en pure Vérité, mes prêtres bien-aimés ? Avez-vous en vous cette joie et cette légèreté que donne l'union d'Amour, que vous puissiez tournoyer avec moi et célébrer votre Dieu ?
Sauriez-vous encore danser avec moi, pour moi ?

Toi mon prêtre, désires-tu encore suivre ma Loi comme le fit le roi David ?
Ma Loi est-elle Amour pour toi ?

Mais mon aimé, acceptes-tu que Je vienne t'aimer comme Je le désire afin que tu deviennes Amour ? Je désire te plonger dans l'embrasement de mon Sacré Cœur et alors, les contours de ma Loi qui peut-être semblent trop rigides, fondront ; il n'en restera pour toi, que le miel de ma divinité. Comme un petit enfant, comme le jeune époux, tu t'en régaleras en bondissant de joie et tu danseras dans l'ivresse que te procure notre Cœur à cœur ; tu en régaleras tes frères et sœurs.
Alors prenez garde, mes prêtres bien-aimés que votre cœur ne perde pas sa candide fraîcheur, qu'il ne se fane et devienne comme un désert, un pays où il ne ruissèle ni le lait, ni le miel, ces adonbants bienfaits dont Je puis combler celui qui marche celon mes préceptes ; car alors vos églises seraient vides et glaciales. Si vous perdez ma Loi, vous perdez l'Amour et si vous perdez l'Amour vous perdez l'obéissance éclairée où s'exerce ma Toute-Puissance. Mais moi, en un instant, Je fais refleurir la bénédiction et la Vie, l'instant que dure le désir du pardon que vous laissez monter vers moi après l'offense ou l'égarement.
Le sacerdoce est d'abord une union d'amour, le reste en découle. L'Amour donne la sainte audace au cœur de l'homme et l'audace délie l'Amour en lui.
Vous me priez afin qu'il y ait toujours quelqu'un de ma descen-

dance au milieu de vos nations et vous savez me rappeler ma promesse… Mais vous, tenez-vous vos engagements ?

Alors soyez vigilants et gardez-vous bien de préférer le regard du monde au mien.
Laissez-vous regarder tout entier par mon Amour.
Comme vous le savez mes prêtres, mes aimés, rien n'est nouveau sous le soleil et Je demeure parfait, infiniment, éternellement parfait.
Laissez mon Amour animer votre vie comme le cœur anime tout le corps et votre conduite deviendra chaque jour plus juste. Vous ne craindrez pas de rendre témoignage à celui que vous annoncez par des paroles sincères. Alors, ma descendance ne manquera pas de s'étendre sur toute la terre.
Je susciterai des vocations qui éclaireront le monde.

Je suis troublé, car vous ne savez plus danser pour votre Dieu, vous vous êtes éloignés de la sage folie de mon Amour alors que la triste et folle sagesse de ce monde vous a gagnés pour vous éteindre. Mais, c'est avec cette « folie » de mon Amour que Je veux m'unir à vous ! Mon Amour est tel un vin de la plus parfaite des qualités. Sa robe est gorgée de mes divines vertus. L'ivresse qu'il donne au cœur de l'homme le réjouit et le rafraîchit. Oui, enivrez-vous de mon Amour et communiez au sacrement de l'Amour. Dansez pour votre Seigneur comme le fit le roi David. Quand l'âme du pécheur gémit et se lamente, celle que le divin amour a embrasé chante les louanges de son Sauveur tout en franchissant les ravins les plus escarpés.
Aussi coupable que fut le roi David, mon amour vint à son secours et en lui, il dansait et palpitait, car David ne le refusa pas. David fut vainqueur de toutes les adversités qui voulaient éteindre sa foi parce qu'il accepta d'être dépouillé de lui-même pour ne garder que moi. La fraîcheur de son cœur fut ainsi restaurée. Il la

préserva en tenant tout son être devant mon regard. Il fit de mes préceptes le cœur de sa vie et il chanta mes louanges. Devant lui, était sa faute, mais en lui mon Amour était plus grand que celui qui l'accusait.
C'est ainsi que sa descendance habita toute la terre.
Faites de même.

57

COMME LE ROI DAVID

2 Samuel 24, 14 :
« David dit à Gad : Me voici dans une grande détresse mais mieux vaut pour nous tomber dans les mains de Yahvé car il est riche en miséricorde plutôt que de tomber entre les mains des hommes. »

Mon fils, mon prêtre bien-aimé,
Oui, là est bien la sagesse du roi David qui se révéle dans ces lignes.
C'est bien parce qu'il connaissait la misère de l'homme et la Toute-Puissance de la divine miséricorde qu'il a pu parler ainsi. Au plus profond de sa misère, il s'est souvenu de mon Amour et comme il me glorifia alors.
Mon fils, toi mon prêtre, es-tu plus grand que le roi David ?
Non, tu ne l'es pas. Il fut un homme comme toi et c'est la main de mon Père qui l'assis sur son trône. Il lui a donné le pouvoir de diriger son peuple, Il a éclairé son esprit et son cœur. Il a fait alliance avec lui et lui enseigna que l'amour et la Sagesse de Dieu surpassent les imperefctions et les perversions des projets des hommes.
Il lui a montré que, dans l'homme, en chaque homme, la corruption est une maîtresse puissante. Alors que devant lui marchait l'Éternel, il est tombé dans le péché et la misère la plus basse. Pour la chair qui se fane et meurt, David trompa son ami, brisa la confiance et ôta la vie que Dieu avait donnée.
Mon élu, celui que J'avais habillé de soieries précieuses, quitta la chambre haute pour gagner les demeures les plus basses de l'humanité ; en se trahissant lui-même, il me trahissait.
Vois-tu mon fils, mon aimé, toi aussi Je t'ai mis la bague au doigt.

Toi aussi, Je t'ai habillé de soieries et, toi aussi déjà, tu m'as trahi et tu t'es trahi... Tu as fait cela parce que, comme le roi David, tu es homme et tu vis dans cette humanité que la main du diable a saisie. Elle tient la chair de l'homme et travaille à diffuser son venin mortel jusque dans le fond de votre cœur. Votre vie est un combat, une lutte entre celui qui veut votre mort et, Dieu qui veut votre salut et votre Vie éternelle. Je sais cela... Moi aussi, J'ai senti la haine de ce monde et de son prince m'affronter, moi le Fils de Dieu. Je l'ai sentie glisser sur moi, ramper autour de moi, blessé mon corps. Sa violence a déchiré et torturé ma chair, elle perça mon Sacré Cœur sur le bois de la Croix et, Je le vois agir ainsi en chacun de vous.
Alors, Je suis descendu, parmi vous, pour briser cette emprise qu'il exerce sur vous.

Et bien, moi Je te le dis mon prêtre, mon choisi, tu n'es pas plus grand que le roi David et, tu ne peux pas te sauver toi-même. Cependant sois en paix car Je suis là pour toi et à sa suite, tu es appelé à recevoir et à goûter à ma miséricorde divine, tout comme lui. Bonne nouvelle pour toi et, pour tout homme qui accepte sa rédemption, car Je ne me lasse pas de donner au cœur contris la joie de la Rédemption. Unis, réconciliés dans la Vérité, nous offrirons cette joie à la multitude de nos enfants ! Oui, porte-la fièrement car sa valeur est sans égale et seul ton Jesus pouvait en payer le prix !

Le roi David pensait que Je ne verrais pas son péché ! De la même façon, une multitude de tes frères et sœurs pensent qu'ils peuvent vivre à l'abri de mon regard... quelle folie !
Je ne quitte du regard ni toi ni aucun de mes chers enfants, tout comme Je n'ai pas quitté le roi David un seul instant. Je suis attentif comme l'époux aimant est attentif aux besoins de celle qu'il aime.

Vois-tu mon fils, l'homme juge et condamne. Il juge parce qu'il est aveugle. Il juge parce que la plénitude de l'Amour n'est pas encore rétablie en lui ; alors que moi, Je regarde et Je sauve. Oh ! Comme il faudrait que l'on comprenne ce que c'est que le regard de Dieu et comme il est vital de vivre en s'y expposant sans cesse. Je peux relever de tous les péchés. Aucun n'est trop grand pour moi, aucune trahison n'est impardonnable pour moi. Je peux tout accomplir dans une âme si elle me laisse m'approcher d'elle et si elle se laisse toucher par moi, si elle s'ouvre à la grâce du repentir… C'est-à-dire, si elle se reconnaît pécheresse. C'est ce qui arriva au roi David, il pu se laisser toucher par moi parce que son cœur contrit s'oiuvrit à ma Présence.

Laisse-moi te toucher… Laisse-moi toucher mes enfants ; ne les éloigne pas de moi. Cest à moi que tu dois remettre ta vie et celle de tes frères. Ce n'est pas entre les mains des hommes. C'est ainsi que ceux qui sont auprès de toi seront encouragés à me remettre la leur. C'est en vous voyant vivre que mes enfants désireront se livrer à mon Amour et à ma miséricorde. Par l'humilité que Je ferai grandir en toi, ils sentiront que tu te sais pécheur, tout comme eux et, ils verront en toi l'effet des divins remèdes. Je ferai grandir en toi mon Amour et tu danseras de joie pour ton Dieu, tu chanteras ses louanges.

58

PROCLAME LA CONVERSION

Luc 24 – 47 :
« Et il faut ensuite que la conversion et le pardon des péchés soient proclamés en mon Nom à toutes les nations en commençant par Jérusalem. De cela, vous êtes témoins ».

Mon fils, mon prêtre bien-aimé.
Comme l'Amour est simple, si simple ! Il rejette tout artifice qui le distrairait de son enfant bien-aimé. Cependant, derrière cette simplicité, il y a ma Toute-Puissance dont J'ai fait de toi le contenant et le témoin.
Oui, sans vacarmes, ni fracas, mais avec l'assurance que donne la Vérité, tu es celui que J'envoie proclamer en mon Nom, le pardon des péchés à toutes les nations. En faisant cela, tu annonces le règne de Dieu parmi les hommes et tu appelles à la conversion le pécheur. Qui parmi les hommes aurait l'audace d'une telle chose, s'il n'était animé par une force au-dessus de sa nature ?
Qui aurait l'audace de le proclamer génération après génération, si lui-même à la suite de ses pères, n'avait été le premier témoin et bénéficiaire de ce prodige unique. Par toi et à travers toi, Je pardonne les péchés pour la conversion des cœurs, J'efface la faute et Je libère l'âme pour conduire au salut éternel. Je fais passer de la mort à la vie. Je fais remonter du trou fatal et de la boue du bourbier.

Mais, J'agis dans la simplicité, dans le dénuement même, parce que Je veux être tout à l'homme, tout pour l'homme. Je me suis fait mendiant de son attention. Devant lui, Je me suis dépouillé de toutes grandeurs afin que rien ne l'effraye, rien ne le trouble.

J'ai écarté tout ce qui me distraie du salut de l'homme.
C'est cette exigence de mon Amour que Je partage avec toi.
Mais toi, mon prêtre, qui es plongé chaque jour dans les dimensions de la détresse humaine, tu pourrais être déstabilisé par la simplicité silencieuse de ton Seigneur… Silence si pleinement habitée de ma divinité. Et peut-être parfois même, te surprendras-tu à penser : « Où est la Toute-Puissance de mon Maître ? Celle qui fracasse les cèdres du Liban, qui écarte la mer ?! Celle dont j'ai été appelé à être le témoin et le serviteur. ».
Mais elle est là, mon bien-aimé, avec toi, unie à toi.
Elle est là et repose sur la patène de la messe, entre tes doigts.

Il est vrai, mon fils, qu'aux yeux des hommes, tu n'as pour secourir « que » les grands moyens que te porcurent ta consécration sacerdotale, invisible aux yeux de chair, in quantifiable par l'or et l'argent... Et pourtant c'est bien moi qui suis là, uni à toi et qui repose entre tes mains.
Moi qui est créé le Ciel et la terre !
Moi qui ramène à la Vie !
Mon aimé, Dieu repose dans ton cœur sacerdotal et se donne en communion par tes mains consacrées et ma Toute-Puissance n'a besoin de rien d'autre que la simplicité qui est l'écrin de mon humilité, pour agir au milieu des hommes. Et Je n'ai besoin que de la simplicité de ton « oui » à mon Appel pour agir avec toi. Ma Toute-Puissance est là, à ton écoute, toute attentive pour servir et sauver.
Ainsi, en mon Nom, tu annonces le pardon des péchés ; le péché qui hélas, n'a pas plus d'importance pour la multitude aveugle, qu'un petit caillou sur le chemin d'une vie… Et pourtant, c'est sur ce caillou que l'homme chute et se perd. En pardonnant ses péchés, Je l'arrache des abîmes où ses chutes le précipitent et Je pose ses pieds sur le roc, la terre ferme de mon Eglise, tout cela dans une grande simplicité, la simplicité d'un confessionnal,

d'une bénédicton donnée, d'un scarement administré.
En un instant, Je touche le cœur, l'esprit, l'âme ! Heureux l'homme qui a mis son espérance en moi !
Mon aimé, mon prêtre, nous sommes unis, tu es le témoin et le participant à mon action, car c'est ensemble que nous restaurons le pécheur, que nous le guérissons, que nous l'apaisons, que nous le relevons. Lorsque Je te dis que tu es le calice qui contient la Rédemption de l'homme, crois-le et prends confiance. Laisse-toi remplir de ma divinité, du vin de la Nouvelle Alliance qui réjouit le cœur de l'homme. Puisque tu es le témoin des merveilles que Je fais, annonce avec toute la force de ton cœur de prêtre, que le secours de l'homme est bien dans le Nom de ton Seigneur.
Donne-moi à tes frères et soeurs car J'ai soif d'apaiser leurs soifs !

En mon Nom, tu donnes aux épuisés, aux malades, le remède de Dieu. Oui, il faut que la conversion soit proclamée. Il faut que tu annonces au monde le don de ton Sauveur.... Ce monde qui ne sait pas reconnaître son Messie parce qu'il ne sait pas de quoi il doit être sauvé ! Et pourtant il n'en finit pas de souffrir et souffrir dans la tristesse, la violence et la désespérance. Il ne sait pas que dans le sein de l'Eglise se trouve le salut qu'il espère.
Il faut que mon peuple sache que mes projets sont en sa faveur.

Toi mon prêtre, J'ai éclairé ton cœur et tes connaissances afin que tu saches la Vérité, que tu communies à la Vérité. J'ai touché tes lèvres avec la braise incandescente de mon Amour. Je t'ai rendu capable d'aller proclamer au monde le pardon des péchés pour qui à le cœur contris.
C'est dans la citée Sainte de Jérusalem que J'ai commencé l'œuvre du salut dont tu témoignes à ma suite et c'est donc par mon Eglise, que la Vérité doit être proclamée au monde, afin que l'esprit de pénitence touche les coeurs et que Je puisse relever de la mort mes enfants biens-aimés.

Mon fils, parce que tu es prêtre, appelle à la conversion et dis au cœur de l'homme : « Ephata ! », pour qu'il s'ouvre à la grâce. Souviens-toi que nous sommes unis, et que cette union singulière a déployé en toi les grandeurs de ma grâce et de ma bénédiction. Alors oui, annonce au pécheur ce pardon que Je suis venu lui offrir, car c'est par le pardon que commence la délivrance en tout l'être.

Tu es en première ligne dans ce combat du salut et sur toi retombent les attaques du mauvais qui cherche la mort de l'âme. L'esprit de ce monde, ne te pardonnera pas d'annoncer mon Amour rédempteur. L'adversaire voudra te museler et te punir en te tentant. Mais souviens-toi que tout ce que tu fais, tout ce que tu dis, tu le fais et tu le dis en mon Nom. C'est moi qui suis devant toi et qui marche devant toi ! Réfugie-toi en moi et vois ton Maître te libérer comme il libère tout homme qui l'invoque et l'espère en vérité.
Alors fortifie-toi et avance !
Continue à illuminer le monde par la conversion et à proclamer le pardon des péchés en mon Nom !

59

MÉDECIN DU CORPS ET DE L'ÂME

Marc 5 1-9

Mon fils, frère bien-aimé,

Par amour pour toi et pour chacun des miens, Je voudrais te parler du péché qui est entré dans le monde par la permission de l'homme.

Génération après génération, Il le blesse et cherche à le conduire à la mort. Non pas seulement la mort de la chair mais surtout celle de l'âme.

Mon aimé, mon prêtre, le péché est l'aiguillon vénéneux du maudit. Il se tapit au milieu de l'humanité, prêt à piquer et empoisonner celui qui s'approche. Il rampe dans ses ténébres jusqu'à l'homme pour lui parler et le tromper, comme il le fit avec vos premiers parents. Il l'attire à lui en tirant sur les chaînes de sa captivité. Quelques soient ses actions, le péché est toujours mortellement dangereux, il doit être reconnu et chassé sans compromis.

Mon prêtre, toi le familier de l'harmonie et de la paix divine, ta mission est de remettre l'ordre et l'unité là où le Mal a installé son chaos et ses tourments et tu le sais, l'harmonie vient par la vérité qui est l'Amour pur.

Mon aimé, dans le sein de Dieu où tu naquis, il y a une plénitude débordante d'Amour ; là est le remède à toutes les peines de l'homme. Cette plénitude a la nécessité de se donner puisque Dieu est toujours tendrement penché vers sa créature et, elle se verserait de toute son abondance en lui, si le pécheur lui donnait la permission de le faire. Pour cela, il faudrait qu'il ne cherche

plus à justifier son péché et ses chutes car se mécanisme, de sa raison et de son cœur, le ferment à mon action. Oui, cette plénitude débordante de Dieu aspire à se donner, telle est sa joie ; d'abord pour toi, le premier des appelés par le sacerdoce, puis à tous. Ce flot va et cherche à vivifier toute chose.
L'Amour rédempteur est attiré par le pécheur, le malade et le faible, il t'appelle et t'entraîne avec lui pour guérir et sauver. Ne te sépare pas de moi, où que J'aille, viens avec moi et renversons, détruisons les labeurs du Mal en dispensant le remède du divin Amour. Aimer en Vérité, c'est opposer aux mensonges la Vérité, c'est combattre et refuser les compromis qui portent à la tiédeur et conduisent à la damnation.

Mon aimé, mon prêtre, tu le sais, le maudit est à l'origine de tout déséquilibre. Il arrache l'homme aux bras berçant de son Créateur, il déharmonise tout son être. Il est donc à l'origine de la maladie qui touche l'âme, le cœur et le corps ; il est à l'origine de la mort. Par la souffrance, il brise la joie et la paix pour enlever la louange du cœur de mes enfants bien-aimés. L'homme est alors désemparé et aveuglé ; il ne sait plus, au combien son doux Seigneur se complait en sa compagnie. Isolé, apeuré, il fuit ma présence, il perd ma grâce, il désespère.
Pour secourir l'homme qui t'a été confié, Je m'emploie toujours à affiner ta connaissance et aiguiser ton discernement car l'onction sacerdotale que tu as reçue te donne le pouvoir de restaurer ce qui a été abîmé, blessé et te donne l'autorité redoutable de chasser le Mal en mon Nom. Alors, ils crieront de joie les opprimés dont tu auras brisé les chaînes.

Mon aimé, il est des cas où la science médicale ne sait pas apaiser les tourments, ni redresser les déséquilibres de l'homme. Elle traite souvent le symptôme sans traiter la maladie car elle ne la voit pas. Ainsi les paroles de l'Évangile se réalisent :

« … Personne ne pouvait le maîtriser, même avec une chaîne … », pas même avec la chaine de la science des hommes.

Rappelle-toi alors qu'à ma suite, tu es médecin du corps et de l'âme. Par ton sacerdoce, tu as vocation à visiter le malade pour lui donner le divin remède qui soulage et ouvre les portes à la grâce. De tes mains consacrées descend l'huile précieuse de ma bénédiction. Qui la reçoit et l'accueille, me reçoit et accueille ma Vie.
Alors vois-tu mon aimé, si toute maladie ne relève pas de l'exorcisme, toute souffrance m'attire au chevet du malade. Toi qui es le serviteur du Seigneur, lève tes mains ointes pour ton frère qui traverse la nuit de la douleur et donne ma bénédiction, dispense les divins remèdes. Et vous tous, enfants bien-aimés du Seigneur bénissez le Seigneur pour l'affligé, que ma miséricorde enveloppe et recouvre de sa clarté suprême celui que l'obscurité de la corruption voudrait recouvrir et ensevelir.
Ma bénédition est une protection puissante et nécessaire car pour briser le peu d'équilibre qu'il reste à l'homme et pour atteindre la fragilité de votre nature, le maudit frappe votre cœur par l'outil de la tentation et des blessures de votre coeur. Il cherche, avec ruse, à y ouvrir une brèche. Une fois celle-ci ouverte, il s'y engouffre avec tout ce qu'il est, avec toute sa haine... Au cœur de l'Eglise, ma bénédiction est là pour vous sauvergarder et les sacrements sont là pour réparer ces brèches et nettoyer la demeure infestée ; tu le sais, ils te sont confiés pour protéger et sanctifier toute la personne humaine.

Ne croyez pas que seule l'âme qui se consacre en pleine conscience au maudit, soit influencée et instrumentalisée par lui. Il y a plusieurs degrés d'infestations, comme il y a plusieurs degrés d'emprises. Cependant, sachez que l'adversaire s'infiltre aussi par la tentation « anodine », cachée dans la simplicité du quotidien,

égoïsme, divination, cartomancie, horoscope ; la sensualité qui combat la pureté, la jouissance de la chair en dehors de la Loi de Dieu, autant qui conduisent à l'infestation ; la contraception criminelle, les gestes amoureux contre nature… Appêtits déséquilibrés de la chair … Toute adhésion à des mouvements et pratiques occultes... Trahison et abandon du baptême chrétien.... Lorsque l'homme mon enfant bien-aimé fait de son corps une idôle ou un lieu voué aux idoles païennes.
Mon fils, mon aimé, là où l'on m'a chassé, là où l'on m'a oublié, là où l'on m'a refusé, où l'on s'est moqué de moi, l'adversaire vient dominer et corrompre.

Les symptômes des cœurs touchés, vous les connaissez : dépression, tristesse, désespérance, famille brisée, divorce, confusion mentale, maladie physique et psychique, violence, barbarie, suicid… Autant d'attitudes qui renferment l'âme sur elle-même et qui l'éloignent de moi, de mon Église, de la pratique des sacrements. Toi qui demeures au refuge du Très-Haut, tu constates tout cela autour de toi. Tu le vois comme l'ont vu des générations de prêtres et d'âmes éclairées par l'Esprit Saint avant toi !

Poursuis le travail de libération et de rédemption
qu'ils ont accompli avant toi. Redouble de patience et de bonté lorsque, tu reçois un de tes frères qui se plaint de ces symptômes mais ne semble pas capable ou disposé à faire le lien avec ces pratiques. Cependant sois ferme ! Que ton « oui » soit « oui » et que ton « non » soit « non » ! C'est ainsi que la Vérité s'apprend et se discerne. Si tu n'es pas là pour le juger, tu es là pour l'éclairer, sauver ton frère parce que tu l'aimes, parce que Je l'aime. Tu l'aimes parce qu'il est mon enfant comme tu l'es toi-même et qu'en lui comme en toi, Je désire mettre tout mon Amour.
Mon aimé, tu le sais, l'Amour prend patience, parce qu'il est compatissant, en cela il s'oppose à la tyrannie du péché qui lie et

condamne sa victime ! Ce qui lui plaît c'est de prononcer la sentence de la condamnation au plus vite et d'emporter sa victime loin de la grâce.
Mon prêtre, Je te dirai que la première étape de la libération ou de l'exorcismes, c'est ton accueil charitable et miséricordieux, ton écoute vigilante.
Aime ton frère malade, mais combat la maladie qui ronge son cœur et sa raison !

Prie avec l'Eglise et en mon Nom libère du Mal et ramène ma bonne bénédiction au cœur de l'homme. Ta prière est comme un baume qui purifie et libère.
Prie sans crainte, comme l'Eglise te l'a enseigné ! La prière est comme le lit d'une rivière où Je laisse couler le flot de mes bénédictions. La prière est simple, c'est pourquoi elle n'occasionnera jamais de troubles chez ceux qui les reçoivent !

Je vous ai instruits et mon instruction s'est diffusée par l'Esprit-Saint pour le bien de tous. Je vous ai appris à discerner et à reconnaître ces puissances maléfiques qui infestent votre quotidien. Je vous ai envoyé comme mes dsiciples bien-aimés. Comme l'Eglise vous l'enseigne et en mon Nom, soumettez à mon autorité ces puissances qui persécutent l'âme, elles seront exposées à la Lumière pour être chassées !

Pour ce qui est des exorcismes, tous ne sont pas appelés car il faut avoir reçu une large mesure de ma divine autorité pour les exercer.
Certains d'entre vous sont choisis pour cela et toute la communauté des croyants doit constamment prier pour eux.
Ma Toute-Puissance s'exerce dans une grande simplicité, dans la prière que l'on unie à celle de toute la communion des saints, avec persévérance et autant que nécessaire. C'est cela même qui terro-

rise l'adversaire. Ma divine misércorde ne se lasse pas de sauver, ni de combler de mes faveurs en dissipant les ténèbres de la nuit. Je finirai en vous invitant à toujours agir sous le manteau maternel de ma Mère, l'Auguste Reine des Cieux et de la Terre, la Reine des cœurs, la terreur des démons, la Vierge Marie, votre Mère, Notre Dame du Sacerdoce.

60

PASSEUR D'ÂMES

Genèse 28 16-17
« Quand Jacob se réveilla de son sommeil, il dit ; « Yahvé est donc en ce lieu et je ne le savais pas ! » Il eut peur : « Que ce lieu est terrible, dit-il, ce n'est rien moins qu'une maison de Dieu et la porte du Ciel ».

Mon fils, frère bien-aimé.
Le savais-tu ?
Le sais-tu aujourd'hui et le sauras-tu tout au long de tes jours ?
Tu es le lieu où Yahvé EST. Ne sois pas étonné si Je te dis cela.
Tu es devenu par ton sacerdoce, une maison de Dieu. En tes mains consacrées reposent les sept flammes des saints sacrements qui ouvrent à mes enfants la porte du Ciel.
Oui, comme tu es un Lieu redoutable au milieu du monde.
Ta crainte est juste car par toi le Seigneur des seigneurs touche la terre. Par toi, ses bienfaits descendent du Ciel et son règne vient sur la terre. Pour toi et par toi, il fait de grandes choses !
Réjouis-toi en ton Seigneur car il t'a comblé de sa bénédiction !

Mon aimé, qui pourrait contenir l'infinie de Dieu ?
Le pourrais-tu ?
Non, mon bien-aimé ! Mais par contre, toi tu es contenu en Dieu et Dieu sait se révéler à toi. Il se dévoile à toi comme Il s'est dévoilé à Jacob. Ce qu'Il a dit à Jacob, Il te le dit à toi aujourd'hui. Il te le dit et te le redit chaque jour, à chaque instant, parce que tu es son consacré, parce que tu es son choisi.

Recevoir le sacerdoce c'est rentrer en communion profonde avec Dieu. Tu te donnes à Lui et Lui te dévoile l'infinie profondeur de

son Cœur. Tu rentres en Lui, tu acceptes de renter en sa divine volonté. Ce n'est pas la volonté de Dieu que tu fais rentrer en toi, selon ta mesure, mais c'est toi qui rentres en sa divine volonté, selon sa mesure. Ce que ta nature humaine fragile et ton esprit limité t'interdisaient de saisir dans sa plénitude, Dieu te permet d'en disposer pleinement, en t'unissant à Lui.
Mon bien-aimé, là est le grand don que la Nouvelle Alliance est venue porter aux hommes et toi, Je t'ai choisi de toute éternité pour en vivre, en premier plan.

Comme tu es redoutable !
Tu es un passeur d'âmes !
Tu fais passer l'homme de ce monde à la maison de son Père qui est au Cieux.

Tu es au milieu de mon peuple comme le temple se tenait au milieu de Jérusalem. Le temple donnait toute sa vie et sa splendeur à la ville de Jérusalem parce qu'il lui donnait la présence de Dieu. Mon aimé, à l'instant où Je t'instruis en vérité, peut-être regardes-tu ton quotidien et le trouves-tu éloigné de la splendeur de ces révélations.
Ne te trouble pas !
Ne t'inquiète pas !
N'oublie pas que c'est en ce qui est petit que Dieu fait de grande chose !

Regarde la vie que J'ai menée au milieu de vous, un quotidien simple, pauvre... J'accomplissais ma tâche dans la plus grande humilité, immergé dans la multitude des hommes, mais rien n'altéra le parfait accomplissement de ma mission divine car Je suis Dieu, Je suis le Tout-Puissant, Je suis le Fils du Père et, J'ai toujours fait sa volonté. Ta vie de prêtre est tel le petit grain de moutarde... Une vie si « petite » par ton humanité, si « simple » par ta pauvreté, à peine visible aux yeux du monde et pourtant enfouie, dilatée dans le Cœur de Dieu, elle lèvera un arbre de sainteté immense pour les générations des générations. C'est l'action parfaite de Dieu qui s'accomplit en toi. Mon aimé, le propre de la vie divine est de ne jamais s'éteindre mais de fructifier indéfiniment, éternellement. Ainsi en est-il pour les actions de celui qui a accueilli Dieu en lui et qui finalement a accepté de laisser Dieu faire toute chose en Lui.

Alors mon aimé, ne quitte pas le Cœur de ton Dieu. Puise-y à pleines mains ses richesses infinies ; puise et laisse-toi remplir ! C'est dans tes temps d'oraison, de retraites, de prière face à face avec moi, dans chaque communion eucharistique, dans nos cœurs à Cœurs, que cette union s'accomplit, que tu deviens la maison remplie de Dieu.

Demande-moi tout ce qui t'est nécessaire. J'agis pour toi en amont et en aval afin qu'en toi, jamais la source d'eau vive ne soit tarie, jamais les bénédictions ne s'épuisent.

Prêtres, mes frères, Je vous aime.
Recevez ma bénédiction.
Je Suis Jésus-Christ en Gloire.

INDEX : Pages

Rassemblement à Son Image
14 rue des Écoliers • 22200 PLOUISY

Vous pouvez commander ce livre auprès de votre librairie habituelle
ou directement au tél : 0(033)5 65 78 01 95

www.asonimage.fr
Mail : rassemblementasonimage@gmail.com

ISBN : 978-2-36463-552-4